Benedikt Placke

Kundenzufriedenheit, Kundenloyalität und Kundenprofitabilität in Strukturgleichungsmodellen

Eine kausalorientierte Performance-Measurement-Analyse

Diplomica® Verlag GmbH

Placke, Benedikt: Kundenzufriedenheit, Kundenloyalität und Kundenprofitabilität in Strukturgleichungsmodellen: Eine kausalorientierte Performance-Measurement-Analyse. Hamburg, Diplomica Verlag GmbH 2011

ISBN: 978-3-8428-6211-1
Druck: Diplomica® Verlag GmbH, Hamburg, 2011

Bibliografische Information der Deutschen Nationalbibliothek:
Die Deutsche Nationalbibliothek verzeichnet diese Publikation in der Deutschen Nationalbibliografie; detaillierte bibliografische Daten sind im Internet über http://dnb.d-nb.de abrufbar.

Die digitale Ausgabe (eBook-Ausgabe) dieses Titels trägt die ISBN 978-3-8428-1211-6 und kann über den Handel oder den Verlag bezogen werden.

© Diplomica Verlag GmbH
http://www.diplomica-verlag.de, Hamburg 2011
Printed in Germany

Inhaltsverzeichnis

Abbildungsverzeichnis

Tabellenverzeichnis

Abkürzungsverzeichnis

ACSI .... American Customer Satisfaction Index

aktual. .... aktualisiert

B2B .... Business-to-Business

BSC .... Balanced Scorecard

CLV .... Customer Lifetime Value

dt. .... deutsch

erw. .... erweitert

i.e.S. .... im engeren Sinne

inkl. .... inklusive

Int. .... International

Jg. .... Jahrgang

LISREL .... Linear Structural Equations

No. .... Number

OLS .... Ordinary Least Squares

PLS .... Partial Least Squares

ROA .... Return on Assets

ROI .... Return on Investment

SCSI .... Swedish Customer Satisfaction Index

TPI .... Total Performance Indicators

überarb. .... überarbeitet

Univ. .... Universität

US .... United States

Vol. .... Volume

vollst. .... vollständig

1 Einleitung

1.1 Hintergrund der Studie

Bis in die achtziger Jahre des vorherigen Jahrhunderts waren Ansätze betrieblicher Leistungsmessung und –berechnung vornehmlich durch monetäre Kennzahlen charakterisiert. Diese traditionellen Kennzahlensysteme, wie z.B. das 1919 entwickelte DuPont System of Financial Control, welches als Unternehmungsziel die relative Größe Gesamtkapitalrentabilität (ROI) ausgibt, sind dadurch gekennzeichnet, dass sie ausschließlich finanzielle, exakt quantifizierbare Kontrollzahlen berücksichtigen.[1] Die durch mathematische Verknüpfungen in Beziehung stehenden Kennzahlen befähigen zwar zu einer direkten Abschätzung der Wirkungen von Maßnahmen, die Einflussfaktoren des Unternehmenserfolgs können jedoch nicht auf mechanische Weise bewertet werden („Unternehmensführung als Räderwerk").[2]

Die Verringerung der Leistungsinhalte auf ausschließlich monetär bewertbare Ergebnisgrößen verhindert darüber hinaus die Identifizierung von Ursachen und Leistungstreibern und alle Aktivitäten eines Unternehmens richten sich an kurzfristigen finanziellen Optimierungsmöglichkeiten aus.[3] Außerdem impliziert diese interne Ausrichtung eine vergangenheitsorientierte Sichtweise durch Abbildung von Indikatoren des Unternehmenserfolgs früherer Perioden und gibt somit keinen Aufschluss darüber, wie zukünftige Erfolgspotentiale zu schaffen sind, um die langfristige finanzielle Leistungsfähigkeit des Unternehmens sowie die dauerhafte Steigerung des Unternehmenswertes am Kapitalmarkt zu gewährleisten.[4] Da sich viele Unternehmen heute Wettbewerbssituationen ausgesetzt sehen, die durch abnehmendes Wachstum, steigende Marktsättigung, angeglichene Produktqualität und wachsende Globalisierung charakterisiert sind, wird die Akquisition neuer Kunden immer schwieriger und die von Drucker vor vier Jahrzehnten aufgestellte Behauptung „a company`s first task is to create new customers" kann folglich als nicht mehr gültig erachtet werden.[5] Vielfach höhere Kosten der Neukundenakquisition im Verhältnis zur Aufrechterhaltung einer bestehenden Kundenbeziehung verdeutlichen zusätzlich die wachsende Bedeutung defensiver Geschäftsstrategien, die durch den Aufbau von Wechselbarrieren und die Erhöhung der

---

[1] Vgl. Horváth, P. (2003), S. 569-572.
[2] Weber, J./ Schäffer, U. (2006), S. 182.
[3] Vgl. Gleich, R. (2001), S. 1.
[4] Vgl. Ossadnik, W. (2003a), S. 305.
[5] Vgl. Hahn, C.H.(2002), S. 77. Empirische Untersuchungen zeigen, dass nur wenige Unternehmen nicht von Problemen betroffen sind, die sich aus stagnierenden oder schrumpfenden Teilmärkten, Produktionsbereichen oder Geschäftsfeldern ergeben (vgl. Meffert, H. (1983), S. 193).

Kundenzufriedenheit charakterisiert sind und die Erhaltung eines loyalen Kundenstamms als zentrale Faktoren für die Sicherstellung des langfristigen Erfolgs eines Unternehmens.[6] Dies erfordert eine stärkere Betrachtung nicht finanzieller Kennzahlen und immaterieller Vermögenswerte bzw. eine fortschreitende Kundenorientierung und somit die Erweiterung der ökonomischen Erfolgs- und Steuerungsgrößen durch kundenspezifische Kennzahlen.[7] Neuere Ansätze der Leistungsmessung und –berechnung, die nicht finanzielle Kennzahlen auf den erfolgs- und leistungsrelevanten Unternehmensebenen berücksichtigen und auf eine wertorientierte Unternehmensführung abzielen, werden unter dem Begriff des Performance Measurement zusammengefasst. Ein Hauptmerkmal von Performance Measurement Systemen liegt in den angenommenen Ursache-Wirkungsbeziehungen zwischen den einzelnen Zielen, Erfolgsfaktoren und Kennzahlen, die besonders bezüglich des 1990 von Kaplan und Norton entwickelte Ansatzes der Balanced Scorecard (BSC) in der Literatur ausführlich diskutiert wurden.[8] Dieses in den letzten Jahren stark verbreitete und genutzte, aber auch viel debattierte strategische Managementinstrument wurde auf Grundlage einer Untersuchung zum Performance Measurement in zwölf US-amerikanischen Großkonzernen entwickelt und ist seitdem Gegenstand zahlreicher Untersuchungen und Beiträge, die sich mit den von Kaplan und Norton propagierten generischen Ursache-Wirkungsbeziehungen innerhalb der BSC auseinandersetzen.[9] Eine der größten Schwierigkeiten besteht in der ganzheitlichen Betrachtung und Bewertung dieser hypothetischen kausalen Beziehungen, insbesondere, da keine theoretischen oder empirischen Ansätze zur Ermittlung eines solchen Systems von Ursache-Wirkungsbeziehungen angezeigt werden.[10] Ohne Erfassung durch methodische Kontrolle aller relevanten kausalen Zusammenhänge und veränderter Umweltzustände, die auf das existierende Beziehungssystem einwirken, birgt die Nutzung von Performance

---

[6] Vgl. Giering (2000), S. 2; Fornell, C. (1992), S. 7f. In der Literatur wird von bis zu sechsfach höheren Kosten der Neukundengewinnung im Verhältnis zur Beibehaltung von Kunden ausgegangen (vgl. Bruhn, M./ Murmann, B. (1998), S. 36; Müller, W./ Riesenbeck, H.-J. (1991), S. 69).

[7] Vgl. Kaplan, R.S./ Norton, D.P. (1996), S.3; Bruhn et al. (2000), 168.

[8] Vgl. Kaplan, R.S./ Norton, D.P. (1992). Das Standardmodell der BSC beinhaltet vier Ebenen. Hierbei haben die Perspektiven organisationales Lernen und Entwicklung, interne Prozesse, Kunden eine vorsteuernde Wirkung hinsichtlich der finanziellen Perspektive. Die nur mittelbar beeinflussbare finanzielle Ebene ist über Ursache-Wirkungsketten, die die Treibergrößen für den finanziellen Erfolg beinhalten sollen, mit den anderen direkt steuerbaren Perspektiven verbunden (vgl. Grüning, M. (2002), S. 26; Ossadnik, W. (2003a), S. 307; Kaplan, R.S./ Norton, D.P. (1997b), S. 28).

[9] Vgl. u.a. Nørreklit, H. (2000); Nørreklit, H. (2003); Malina, M.A./ Nørreklit, H./ Selto, F.H. (2007); Wall, F. (2001); Bukh, P.N./ Malmi, T. (2001); Ossadnik, W. (2003b).

[10] Vgl. Schomann, M. (2001), S. 134; Küpper, H.-U. (2005), S. 390.

Measurement Systemen, wie der BSC, das Risiko eines verfälschten Abbilds des Beziehungssystems.[11]

Kaplan und Norton postulieren z.B. eine durch gestiegene Kundenzufriedenheit erhöhte Kundenloyalität und infolgedessen ein verbessertes finanzielles Unternehmensergebnis, konstituieren diese Ursache-Wirkungsketten jedoch nur an Fallstudien und Praxisbeispielen.[12] Auch Anderson, Fornell und Rust (1997) konstatieren hierzu: „Through increasing loyalty, it is argued, customer satisfaction helps to secure future revenues, reduce costs of future transactions, decrease price elasticities, and minimize the likelihood customers will defect if quality falters".[13] Allerdings stellen einige Autoren den unmittelbaren und allgemeingültigen Effekt der Kundenzufriedenheit auf die Loyalität der Kunden vor dem Hintergrund verschiedener Einflussfaktoren dieser Beziehung in Frage.[14] Reichheld (1996) spricht in diesem Zusammenhang auch von der „Zufriedenheitsfalle", da „satisfaction scores … mean nothing unless the satisfaction they purport to measure translate into purchases and profit".[15] Diese beispielhaften Auszüge verdeutlichen die Uneinigkeit in Forschung und Praxis hinsichtlich der Zusammenhänge zwischen den Konstrukten der Kundenzufriedenheit, -loyalität und –profitabilität und dem daraus resultierenden weiteren Forschungsbedarf, insbesondere in Bezug auf eine mögliche Kausalität bzw. deren empirische Identifizierung in den Beziehungen zwischen nicht finanziellen möglichen Leistungstreibern und finanziellen Ergebniskennzahlen. Die hieraus resultierenden möglichen Auswirkungen auf die Gültigkeit und den Einsatz von Performance Measurement Systemen entziehen sich in der Literatur bisher einer einheitlichen Interpretation und bedürfen einer genaueren Überprüfung.

1.2 Aufbau und Ziel der Studie

Das Bestreben dieser Studie liegt in der Darstellung und Analyse hinsichtlich des Kausalitätspostulats bisheriger empirischer Forschungsbeiträge, die sich mit den Zusammenhängen zwischen den Konstrukten der Kundenzufriedenheit, -loyalität und –profitabilität befassen. Diese sollen hinsichtlich möglicher Befunde zu Ursache-Wirkungsbeziehungen zwischen diesen Kennzahlen untersucht werden. Als zentrales Forschungsziel der vorliegenden Studie kann somit die Identifikation möglicher kausaler Beziehungen zwischen der Kundenzufriedenheit, -loyalität und –profitabilität mittels einer

---

[11] Ossadnik, W. (2003a), S. 313-315.
[12] Vgl. Kaplan, R.S./ Norton, D.P. (1997a), S. 327; Kaplan, R.S./ Norton, D.P. (1993).
[13] Anderson, E.W./ Fornell, C./ Rust, R.T. (1997). S. 130f.
[14] Vgl. Homburg (2000), S. 82; Homburg, C./ Giering, A./ Hentschel, F. (1999), S. 181.
[15] Reichheld, F.F. (1996), S. 58.

Metaanalyse formuliert werden. Neben der Überprüfung einer möglichen Generalisierbarkeit der Beziehungen sollen die Zusammenhänge zwischen diesen drei Kundenkennzahlen auf mögliche Einflussfaktoren, sogenannte moderierende Variablen, untersucht werden, die auf Stärke und Richtung der Zusammenhänge einwirken. Die Ergebnisse werden daraufhin auf ihre Auswirkungen hinsichtlich der Nutzung von Performance Measurement Systemen untersucht und es werden Implikationen für die Unternehmenspraxis erarbeitet.

Die dargestellte Auswahl an empirischen Studien zu diesem Themenbereich basiert auf Strukturgleichungsmodellen, die als multivariate Analysemethoden bei Fragestellungen zur Anwendung kommen können, die sich mit nicht beobachtbaren Variablen bzw. hypothetischen Konstrukten beschäftigen. Sie dienen der Überprüfung a priori formulierter Kausalhypothesen zu den hier zu untersuchenden Kennzahlen der Kundenebene und stellen somit ein geeignetes Untersuchungsinstrument für die hier bearbeitete Forschungsfrage dar.[16]

Der Verlauf der vorliegenden Studie gestaltet sich folgendermaßen: Das folgende Kapitel befasst sich mit den theoretischen Grundlagen der zu untersuchenden Problemstellung. So wird zunächst auf den Ansatz des Performance Measurement eingegangen und die grundlegende Problematik in Bezug auf die hypothetischen kausalen Zusammenhänge aufbereitet. Folgend werden die einzelnen Konstrukte der Kundenzufriedenheit, -loyalität und -profitabilität näher erläutert, bevor theoretische Erklärungsansätze der Beziehungen zwischen diesen Kenngrößen vorgestellt werden. Anschließend erfolgt hieraus die Ableitung von Hypothesen über die vermuteten Beziehungen zwischen den zu untersuchenden Größen. Das dritte Kapitel vermittelt einen einführenden Überblick über die Grundlagen von Strukturgleichungsmodellen, welche die methodische Basis der im folgenden Abschnitt vorgestellten und analysierten empirischen Untersuchungen darstellen. Diese Beiträge gliedern sich anhand ihrer Datengrundlage, beginnend mit den Studien, die branchenübergreifende Zusammenhänge untersuchen. Anschließend folgt die Darstellung von empirischen Arbeiten, die bestimmte Wirtschaftszweige betrachten und daraufhin Beiträge, die auf Daten einzelner Unternehmen basieren. Diese Reihenfolge wurde mit der Intention gewählt, Ergebnisse auf Basis hochaggregierter Daten in den folgenden Untersuchungsschritten anhand von Studien auf niedrigerem Datenaggregationsniveau zu überprüfen. Hierzu werden in den einzelnen Abschnitten

---

[16] Vgl. Bortz, J. (2005), S. 471.

jeweils in kurzem Umfang auch Resultate von Arbeiten auf Grundlage alternativer Verfahren vorgestellt. Anschließend folgen eine (tabellarische) Zusammenfassung der Ergebnisse und eine Überprüfung der im theoretischen Teil aufgestellten Hypothesen.

Der letzte Abschnitt schließt mit einer kritischen Bewertung der Resultate und daraus abgeleiteter Schlussfolgerungen, sowie mit den Restriktionen der vorliegenden Untersuchung und mit Implikationen für zukünftige Ansatzpunkte der Forschung.

2 Grundlagen

2.1 Performance Measurement

2.1.1 Grundlagen und Abgrenzung zu traditionellen Kennzahlensystemen

Eine wesentliche Aufgabe der Unternehmensführung liegt in der Bewertung und Kontrolle wirtschaftlicher Sachverhalte und deren Konsequenzen für die unternehmerischen Zielsetzungen. Hierzu sind geeignete Bewertungsmaßstäbe und Konzepte notwendig, die sich in der Betriebswirtschaft lange an monetären Größen bzw. klassischen Messobjekten (materiellen und finanziellen Ressourcen) orientierten, welche aber in Anbetracht der Vielzahl von zu berücksichtigenden und steuernden Entwicklungen im Unternehmen nur einen Teilausschnitt abbilden.[17] Erst in den achtziger Jahren des zwanzigsten Jahrhunderts wurden neue Ansätze der Leistungsmessung und –bewertung als Grundlage einer wertorientierten Unternehmenssteuerung entwickelt und durch den Ausdruck Performance Measurement terminiert.[18] Auch diese Konzepte beinhalten monetäre Kennzahlen, aber sie schließen auch Einflussgrößen der langfristigen finanziellen Leistungsfähigkeit ein, die eine Ausrichtung auf die Schaffung zukünftiger Erfolgspotentiale ermöglichen. Performance Measurement Systeme folgen einer stärker externen Ausrichtung und die Bildung aussagefähiger monetärer und nicht monetärer Leistungskennzahlen aus unterschiedlichen Betrachtungsweisen (Stakeholder-Ansatz) sowie ihre Verknüpfung in einem Berichtswesen stellen grundlegende Elemente des Performance Measurement dar.[19]

Eine detaillierte Abgrenzung von traditionellen Kennzahlensystemen zu Performance Measurement Ansätzen, wie der Performance Pyramid, dem Quantum Performance-Konzept oder der BSC soll hier tabellarisch erfolgen (vgl. Tabelle 1).

---

[17] Vgl. Klingebiel, N. (1997), S. 657; Schreyer, M. (2007), S. 26.
[18] Vgl. hierzu und im Folgenden Horváth, P. (2003), S. 585; Ossadnik, W. (2003a), S. 305.
[19] Vgl. Klingebiel, N. (1997), S. 656.

Traditionelle Kennzahlensysteme	Performance Measurement
• Monetäre Ausrichtung (vergangenheitsorientiert)	• Kundenausrichtung (zukunftsorientiert)
• Begrenzt flexibel; ein System deckt interne und externe Informationsinteressen ab	• Aus den operativen Steuerungs- erfordernissen abgeleitete hohe Flexibilität
• Einsatz primär zur Überprüfung des Erreichungsgrads finanzieller Ziele	• Überprüfung des Strategie- umsetzungsgrads; Impulsgeber zur weiteren Verbesserung
• Kostenreduzierung	• Leistungsverbesserung
• Vertikale Berichtsstruktur	• Horizontale Berichtsstruktur
• Fragmentiert	• Integriert
• Kosten, Ergebnisse und Qualität werden isoliert bewertet	• Qualität, Auslieferung und Zeit werden simultan bewertet
• Unzureichende Abweichungsanalyse	• Abweichungen werden direkt zugeordnet (Bereich, Personen)
• Unzureichende Abweichungsanalyse, Individuelle Leistungsanreize	• Team-/ gruppenbezogene Leistungsanreize
• Individuelles Lernen	• Lernen der gesamten Organisation

Tabelle 1:   **Traditionelle Kennzahlensysteme versus Performance Measurement Systeme**
(Quelle: Klingebiel, N. (1998), S. 10, zitiert nach: Horváth, P. (2003), S. 591)

Anhand der Tabelle werden die weiteren Defizite der traditionellen Kennzahlensysteme neben der starken Ausrichtung auf finanzielle Größen ersichtlich, die mittels des Performance Measurement behoben werden können. Performance Measurement Systeme können als erfolgsnotwendige Navigationshilfen auf dynamischen Märkten betrachtet werden. „Nur ein integratives dimensions- und bereichsübergreifendes Instrumentarium der Leistungsmessung und –bewertung vermag der Unternehmensführung die erforderlichen Impulse geben, um den Anforderungen des Marktes und der Anspruchsgruppen im Unternehmensumfeld gerecht zu werden".[20]

2.1.2 Begriffsdefinitionen

2.1.2.1 Performance

In der wirtschaftswissenschaftlichen Diskussion ist ein ausgedehnter Bedeutungsumfang des Performance Begriffs vorzufinden, so dass in diesem Abschnitt eine Begriffsabgrenzung vorgenommen werden soll. Wortwörtlich kann der Ausdruck „Performance" als „Leistung", aber auch als „Ergebnis", „Durchführung", „Leistungsfähigkeit" oder „Effizienz" ins Deutsche übersetzt werden. Lebas (1995) charakterisiert Performance als „deploying and managing well the components oft the causal model(s) that lead to the timely attainment of stated objectives with constraints

---

[20]   Vgl. Horváth, P. (2003), S. 586.

specific to the firm and to the situation".[21] Krause (2005) dagegen beschreibt Performance als „Grad der Zielerreichung oder der potenziell möglichen Leistung bezüglich der für die relevanten Stakeholder wichtigen Merkmale einer Organisation. Performance wird deshalb erst durch ein multidimensionales Set von Kriterien präzisiert. Die Quelle der Performance sind die Handlungen der Akteure in den Geschäftsprozessen".[22] Performance zeichnet sich demnach durch Zukunftsbezogenheit, Situationsabhängigkeit und Multidimensionalität aus und erfordert ein Wissen über Ursache-Wirkungsbeziehungen in der Organisation, um durch effiziente und effektive Handlungen einen hohen Grad der Zielerreichung zu erlangen.[23]

2.1.2.2 Performance Measurement

Auch der Terminus Performance Measurement unterliegt in der Literatur keiner einheitlichen Auffassung. Neely, Gregory und Platts (1995) interpretieren Performance Measurement als „process of quantifying the efficiency and effectiveness of action".[24] Eine ausführlichere Begriffsdefinition bietet Gleich (1997), der Performance Measurement als Aufbau und Einsatz meist mehrerer quantifizierbarer Messgrößen unterschiedlicher Dimensionen versteht, die zur Bewertung der Effektivität und Effizienz der Leistung und Leistungspotentiale verschiedenster Unternehmensobjekte genutzt werden.[25] Dementsprechend kann ein Performance Measurement System als eine ausgewogene Kombination an (finanziellen und nicht finanziellen) Kennzahlen bezeichnet werden, die in einer sinnvollen Beziehung zueinander stehen und die Effektivität und Effizienz unternehmerischer Handlungen und Maßnahmen messen.[26]

2.1.3 Zielsetzungen

Die Implementierung von Performance Measurement Systemen in Unternehmen erfolgt aufgrund der Verfolgung verschiedener Ziele. Die im Folgenden aufgeführten Zielsetzungen entsprechen den in Theorie und Praxis am häufigsten genannten (vgl. Abbildung 1).

---

[21] Vgl. Lebas, M.J. (1995), S. 29.
[22] Krause, O. (2006), S. 20.
[23] Vgl. Hilgers, D. (2008), S. 32.
[24] Neely, A./ Gregory, M./ Platts, K. (1995), S. 80.
[25] Vgl. Gleich R. (2001), S. 11f. Effektivität (Zielerreichungsgrad) ist eine zentrale Voraussetzung für Effizienz (Input-Output-Relation bzw. Input-Ziel-Relation) (vgl. Klingebiel, N. (2000), S. 25).
[26] Performance Measurement Systeme nutzen also mehrdimensionale Kennzahlen, die monetäre und nicht monetäre Sachverhalte, unternehmensinterne und –externe Aspekte messen sowie nicht ausschließlich bisherige Ergebnisse betrachten, sondern auch eine zukunftsorientierte Sichtweise beinhalten (vgl. Schreyer, M. (2007), S. 29; Schomann, M. (2001), S. 110).

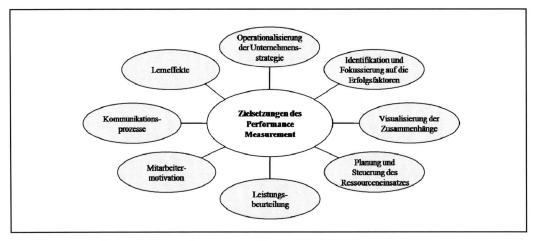

Abbildung 1: Zielsetzungen des Performance Measurement
(Quelle: Schomann. M. (2001), S. 118)

Die zuvor festgelegte Unternehmensstrategie kann durch Performance Measurement Systeme operationalisiert werden. Unternehmerische Aktivitäten können durch die Implementierung von Performance Measurement Systemen als Werkzeug zur Herleitung direkt quantifizierbarer Ziele aus der Unternehmensstrategie gelenkt werden, da durch in der Praxis häufig sehr allgemein formulierte Unternehmensstrategien die Schwierigkeit besteht, eindeutige Handlungsempfehlungen abzuleiten oder den Grad der Zielerreichung zu beurteilen.[27]

Die Belange der Stakeholder können sowohl monetären als auch nicht monetären Charakters sein. Die Zielsetzung Informationen zu erhalten, die Rückschlüsse auf die Erfüllung beider Interessensformen zulassen, kann durch die Operationalisierung der Unternehmensstrategie über die Ermittlung von Erfolgsfaktoren geschehen.[28] Darüber hinaus können durch Performance Measurement Systeme Zielvorgaben formuliert und überprüft werden und somit stellen sie ein Instrument zur Planung und Steuerung von Ressourcen dar.[29] Die Beurteilung von Effektivität und Effizienz von Bewertungsobjekten zielt darauf ab, die Leistungspotentiale eines Unternehmens sowie die Leistungsbereitschaft der Mitarbeiter zu messen.[30] Durch die Bestimmung von Leistungsmaßgrößen entsteht eine Leistungstransparenz, die über effektive Planungs- und Steuerungsabläufe zu Leistungsverbesserungen führen soll. Ferner sollen weitere

---

[27] Kaplan und Norton prägten in diesem Zusammenhang das Leitmotiv „Turn your Strategy into Action" zur Implementierung der BSC (vgl. Schomann, M. (2001), S. 118).
[28] Vgl. Schreyer, M. (2007), S. 32f.
[29] Vgl. Schomann, M. (2003), S. 120.
[30] Vgl. Schreyer, M. (2007), S. 32.

Lerneffekte sowie objektbezogene und –übergreifende Kommunikationsprozesse durch die Einführung eines Performance Measurement Systems erzeugt werden.[31]

Durch die gesteigerte Autonomie von Unternehmensbereichen und der Verknüpfung vom Performance Measurement und Anreizsystemen kann außerdem eine Motivationssteigerung bei den Mitarbeitern erreicht werden. Weiterhin besteht die Möglichkeit der Identifizierung und Darstellung von direkten und indirekten Ursache-Wirkungsbeziehungen bestimmter unternehmerischer Handlungen und Maßnahmen.[32]

Das letztgenannte Ziel der Identifikation und Überprüfung von kausalen Zusammenhängen ist mit dem Fokus auf den Beziehungen zwischen den Messgrößen der Kundenzufriedenheit, -loyalität und –profitabilität Gegenstand der vorliegenden Untersuchung. Folgend wird aber zunächst die Begrifflichkeit der Kausalität geklärt und die Bedeutung von Kausalbeziehungen im Performance Measurement näher erläutert.

2.1.4 Kausalbeziehungen im Performance Measurement

2.1.4.1 Kausalität

Um im weiteren Verlauf der Studie mögliche Ursache-Wirkungsbeziehungen als kausale Verknüpfungen zwischen den Konstrukten Kundenzufriedenheit, -loyalität und –profitabilität analysieren zu können, ist zunächst eine Klärung des Begriffs Kausalität notwendig. Vielfach wird in diesem Kontext in der Literatur auf die Erklärung von Hume verwiesen.[33] Die zentralen Bestandteile der Kausalität werden hierbei durch drei Voraussetzungen gebildet. Zum einen muss zwischen Ursache und Wirkung eine raum-zeitliche Nachbarschaft vorliegen. Außerdem muss die Ursache in zeitlicher Priorität zur Wirkung stehen und es ist eine Verknüpfung von Ursache und Wirkung notwendig.[34]

---

[31] Vgl. Horváth, P. (2003), S. 585.

[32] Kaplan und Norton verstehen eine Strategie als Bündel von Ursache-Wirkungsbeziehungen. Hierbei sind die einzelnen Beziehungsstärken zu ermitteln, Reaktionszeiten bei Änderung der Maßgrößen zu schätzen und zentrale Steuerungsgrößen abzuleiten (vgl. Schreyer, M. (2007), S. 33f.; Kaplan, R.S./ Norton, D.P. (1997b), S. 143).

[33] Vgl. Nørreklit, H. (2000), S. 70; Malina, M.A./ Nørreklit, H./ Selto, F.H. (2007), S. 937.

[34] Vgl. Lüthe, R. (1991), S. 37. Eine kausale Beziehung nach Hume liegt also vor, wenn X (die Ursache) zeitlich Y (der Wirkung) vorangeht, die Feststellung von X zwangsläufig oder mit hoher Wahrscheinlichkeit die nachfolgende Beobachtung von Y impliziert und die beiden Gegebenheiten X und Y raum-zeitlich nah beieinander beobachtet werden können (vgl. Nørreklit, H. (2000), S. 70). Grüning (2002) nimmt eine ähnliche Abgrenzung des Kausalitätsbegriff vor, erweitert diese aber um die Bedingungen eines isolierten Systems der Messobjekte und keiner auftretenden systematischen Fehler (vgl. Grüning (2002), S. 127).
Die Ermittlung einer kausalen Beziehung kann nach Lüthe (1991) nicht intuitiv oder demonstrativ stattfinden, sondern nur empirisch durchgeführt werden (vgl. Lüthe, R. (1991), S. 42). Dem widerspricht Hügens (2008), da in der Betriebswirtschaftslehre auch anhand einer logischen Fundierung über Annahmen kausale Beziehungen nachgewiesen werden können (vgl. Hügens, T. (2008), S. 122).

In diesem Zusammenhang können in logischen und finalen Beziehungen zwei weitere Beziehungsformen unterschieden werden.[35] Für die Unternehmensführung ist es wichtig, über die einzelnen Beziehungsformen Kenntnis zu besitzen, d.h. ob die Wirkung einer unternehmerischen Handlung zwangsläufig oder mit hoher Wahrscheinlichkeit (Kausalität) eintritt oder die Folge auf der Basis (finanzieller) Berechnung festgelegt ist (Logik).[36]

2.1.4.2 Wichtigkeit von Kausalbeziehungen

Ein Hauptcharakteristikum von Performance Measurement Systemen sind die (hypothetischen) kausalen Beziehungen zwischen den Kennzahlen.[37] Dieser Abschnitt soll die zentrale Rolle von Ursache-Wirkungsbeziehungen als Abfolge von Wenn-Dann-Aussagen für die Wirksamkeit von Performance Measurement Systemen aufzeigen.[38] Zuverlässige Ursache-Wirkungsbeziehungen ermöglichen eine verlässliche Vorhersage zukünftiger Performance durch die Illustration des Zusammenhangs zwischen Leistungstreibern und Ergebniskennzahlen.[39] Die Quantifizierung von kausalen Zusammenhängen zwischen Maßnahmen und Ergebnissen lassen eine einfachere Entscheidungsfindung durch die Vorhersage zukünftiger Effekte von derzeitigen Handlungen zu, führen somit zu einer besseren Verständlichkeit und Nachvollziehbarkeit des Verhaltens von Kennzahlen zueinander und ermöglichen die Identifizierung der für die Strategieumsetzung relevanten Kennzahlen.[40] Darüber hinaus können durch die Ermittlung und Untersuchung der Ursache-Wirkungsbeziehungen Risiken frühzeitig erkannt werden und eine Simulation von Geschäftsentwicklungen bei Veränderung wichtiger Erfolgsfaktoren stattfinden.[41] Ein vorhersagefähiges Performance Measurement System kann die Unternehmensführung bei der Informationsverarbeitung entlasten, wodurch der Fokus mehr auf strategischen und bewertenden Entscheidungen liegen kann.[42]

---

[35] Logische Beziehungen basieren auf logischen Argumenten, wie sie in der Sprache, der Mathematik oder dem Rechnungswesen vorzufinden sind und sind nicht empirisch überprüf- oder ermittelbar. Finale Beziehungen treten auf, wenn (menschliche) Handlungen, Wünsche und Sichtweisen in Verbindung zueinander stehen, eine Person eine bestimmte Handlung als das beste Mittel zur Erreichung eines bestimmten Ergebnisses sieht und seine Auffassung hierüber und das Ziel sein Verhalten verursachen

[36] Vgl. Nørreklit, H. (2000), S. 70f.; Malina, M.A./ Nørreklit, H./ Selto, F.H. (2007), S. 962f.

[37] Vgl. Grüning, M. (2002), S. 38; Malina, M.A./ Selto, F.H. (2004), S. 2.
Auch Kaplan und Norton setzen die Verfügbarkeit und Umsetzung von Ursache-Wirkungsbeziehungen innerhalb der BSC voraus (vgl. Kaplan, R.S./ Norton, D.P. (1997b), S. 28, 144; Malina, M.A./ Selto, F.H. (2004), S. 2).

[38] Vgl. Kaplan, R.S./ Norton, D.P. (1997b), S. 143.

[39] Vgl. und zum Folgenden Schomann, M. (2003), S. 134.

[40] Vgl. Schreyer, M. (2007), S. 45.

[41] Vgl. Schomann, M. (2003), S. 134.

[42] Vgl. Malina, M.A./ Selto, F.H. (2004), S. 6. Ursache-Wirkungsbeziehungen schaffen außerdem die Möglichkeit einer „feed-forward" Kontrolle durch nicht finanzielle Kennzahlen (vgl. de Haas, M./ Kleingeld, A. (1999), S. 252).

Auch eine wirksame Kommunikation über die Möglichkeiten zur Erreichung operativer und strategischer Ziele kann durch Ursache-Wirkungsbeziehungen geschaffen werden.[43] Mitarbeiter können durch Ursache-Wirkungsmodelle Einblicke in die Folgen ihrer Handlungen erhalten und erweitern somit ihr Wissen. Dadurch wird die Sichtweise auf die Gesamtorganisation gelenkt sowie die Zielkongruenz gefördert.[44]

Gültige Ursache-Wirkungsbeziehungen sind folglich ein unerlässliches Element von Performance Measurement Systemen und für die unternehmenssteuernde Funktion unabdingbar.[45]

2.1.5 Problemgebiete

Die ganzheitliche Untersuchung und Bewertung der kausalen Beziehungen stellt eine der größten Herausforderungen bei der Konstruktion von Performance Measurement Systemen dar, auch weil innerhalb der einzelnen Ansätze wenig konkrete Hinweise zur Identifikation und Analyse von Ursache-Wirkungsbeziehungen gegeben werden, obwohl deren Verfügbarkeit und Realisierung von grundlegender Bedeutung für den Einsatz von Performance Measurement Systeme sind.[46]

Auf Grundlage von Hume`s Kriterien für das Vorliegen von Kausalität benennt Nørreklit (2000) einige Kritikpunkte hinsichtlich des Kausalitätspostulats am Beispiel BSC im Zusammenhang mit Performance Measurement Systemen.[47] Unter anderem verweist sie hier auf das Fehlen einer zeitlichen Dimension innerhalb des Ansatzes, die aufgrund der Zeitverzögerungen zwischen Ursache und Wirkung notwendig sei, sowie auf die nicht vorhandene Möglichkeit der Vorhersage des finanziellen Ergebnisses wegen der in unterschiedlichen Zeitabständen auftretenden Effekte verschiedener Maßnahmen. Sie bezeichnet die von Kaplan und Norton postulierten generischen Ursache-

---

[43] Nach de Geus (1994) können auch vereinfachte aber überzeugende Performance Measurement Systeme leistungsfähige Kommunikationselemente sein (vgl. de Geus, A. (1994), zitiert nach: Malina, M.A./ Nørreklit, H./ Selto, F.H. (2007), S. 939).

[44] Außerdem kann ein mit den Kennzahlen verknüpftes Prämiensystem das Verhalten der Mitarbeiter beeinflussen, wenn diese davon ausgehen, dass sich ihre Handlungen auch in den Prämien widerspiegeln. Glaubwürdige Ursache-Wirkungsbeziehungen zwischen der Leistung, dem Ergebnis und den Vergütungen können somit zur Motivationssteigerung beitragen (vgl. Malina, M.A./ Nørreklit, H./ Selto, F.H. (2007), S. 939; Malina, M.A./ Selto, F.H. (2004), S. 6).

[45] Vgl. Wall, F. (2001), S. 67.

[46] Vgl. Dusch, M./ Möller, M. (1997), S. 119; Küpper, H.-U. (2005), S. 390. Kaplan und Norton (1997) schlagen in diesem Zusammenhang die Korrelationsanalyse zur Bestätigung von einzelnen Ursache-Wirkungsbeziehungen vor (vgl. Kaplan, R.S./ Norton, D.P. (1997b), S. 246).

[47] Vgl. und zum Folgenden Nørreklit, H. (2000), S. 68-77.

Wirkungsbeziehungen als „risky model" für das einzelne Unternehmen, da diese erst „after the fact" nachgewiesen werden können.[48]

Weitere Problembereiche von Ursache-Wirkungsketten in der Unternehmenspraxis liegen in der abweichenden Auslegbarkeit einzelner Wirkungsreihen aufgrund mangelnder statistischer Fundierung und der Unvollständigkeit als Resultat einer nicht möglichen vollständigen Isolation des Unternehmenssystems.[49] Darüber hinaus können zwischen zwei Kennzahlen auch mehrdeutige oder gegenläufige Wirkungen existieren.[50]

Trotz einer stärkeren Ausrichtung und Messung nicht finanzieller Kennzahlen als Werttreiber, die in neuen konkurrenzbetonten Wettbewerbsumgebungen eine Voraussetzung des Unternehmenserfolgs bilden, sind derzeitige Performance Measurement Systeme immer noch zu finanzlastig ausgeprägt.[51] Grüning (2001) stellt hierzu fest, dass „modernen" Messobjekten zwar eine hohe Bedeutung für den Unternehmenserfolg beigemessen wird, diese allerdings in Relation hierzu in den Performance Measurement Systemen nur gering thematisiert werden („Fokussierungslücke").[52] Die Schwierigkeit der Herleitung bzw. Überprüfung von Ursache-Wirkungsbeziehungen von nicht finanziellen und finanziellen Kenngrößen verdeutlicht auch eine Studie von Ittner und Larcker (1998), die einen Anteil von 75% der Führungskräfte von 27 US-amerikanischen Unternehmen ermittelt, welche kausale Beziehungen zwischen den Messgrößen nicht ohne Probleme begründen können.[53]

---

[48] Nørreklit, H. (2000), S. 68. Da sie das Kriterium der Unabhängigkeit ebenfalls als verletzt ansieht, vermutet sie, dass die BSC eher durch logische und finale Beziehungen denn kausale Beziehungen gekennzeichnet ist. Ein weiterer Kritikpunkt bezieht sich auf die empirische Basis der BSC, die sich hauptsächlich aus qualitativen Untersuchungen bildet, die keine Repräsentativität aufweisen können. Zur Kritik an diesen Ausführungen, vgl. Grüning, M. (2002), S. 133f.; Bukh, P.N./ Malmi, T. (2001).

[49] So kann z.B. die Hypothesenkette (bessere Produktkenntnis der Mitarbeiter→verbesserte Verkaufseffektivität→Erhöhung der durchschnittlichen Produktgewinnspannen) auch abweichend interpretiert werden (bessere Produktkenntnis der Mitarbeiter→längere Verkaufsgespräche→geringerer Absatz→Verringerung der durchschnittlichen Produktgewinnspanne). Die Unvollständigkeit als Ergebnis der nicht möglichen vollständigen Isolation des Unternehmenssystems kann durch die Nichtberücksichtigung des Absatzpreises in dieser Wirkungskette als wichtiger Bestimmungsfaktor der Gewinnspanne verdeutlicht werden (vgl. Grüning, M. (2002), S. 127f.).

[50] Die Wirkung eines nicht finanziellen Einflussfaktors auf die finanzielle Ergebnisgröße ist immer in Relation zu dem Ressourceneinsatz zu betrachten, der gegenläufige Wirkungen auf der Seite des Kapitaleinsatzes und der Kosten impliziert, wodurch die Gesamtwirkung auf die finanzielle Zielgröße nicht mehr eindeutig zu bestimmen ist (vgl. Wall, F. (2001), S. 69f.).

[51] Vgl. Ittner, C.D./ Larcker, D.F. (1998), 217f.; Baumgartner, C. (2002), S. 17.

[52] Moderne Messobjekte beschreiben hier immaterielle Ressourcen, Prozesse und das Unternehmensumfeld (vgl. Grüning, M. (2002), S. 110-117). Zur empirischen Überprüfung dieser Sachverhalte, vgl. Grüning, M. (2002), S. 215-332.

[53] Vgl. Ittner, C.D./ Larcker, D.F. (1998), S. 218f. Auch eine Befragung von Bereichsleitern einer US-amerikanischen Hotelkette ergab, dass diese die Wirkung von der Kundenzufriedenheit auf den zukünftigem ökonomischen Erfolg weder zeitlich noch in ihrer Auswirkung bestimmen konnten, obwohl beide Größen sogar in ihrem Prämiensystem verankert waren (vgl. Banker, R.D./ Potter, G./ Srinivasan, D. (2000), S. 89f.).

Aufgrund dieses mangelnden Verständnisses von Kausalbeziehungen werden Zielgrößen oft künstlich oder nicht erklärt quantifiziert bzw. operationalisiert.[54]

Vor diesem Hintergrund schlägt Küpper (2005) eine empirisch-induktive Herleitung von Kennzahlensystemen durch Strukturgleichungsmodelle vor.[55] Diese Ansätze können zur Gewinnung von Kennzahlen aus empirischen Daten genutzt werden und ermöglichen eine leistungsfähige Auswertung der Daten und die Begründung empirischer Kennzahlensysteme.[56] Strukturgleichungsmodelle erlauben die Untersuchung kausaler Abhängigkeiten zwischen bestimmten Merkmalen, d.h mittels empirischer Daten können a priori aufgestellte Kausalhypothesen zur Erklärung von Merkmalszusammenhängen überprüft werden.[57] Die Methoden der Kausalanalyse stellen die Basis der in Kapitel 4 vorgestellten empirischen Arbeiten dar, welche sich mit den Zusammenhängen zwischen den Konstrukten der Kundenzufriedenheit, -loyalität und –profitabilität beschäftigen.

2.2 Kundenzufriedenheit

2.2.1 Begriff der Kundenzufriedenheit

Die Kundenzufriedenheit als Determinante des Kaufverhaltens war in den vergangenen Jahren Gegenstand intensiver wissenschaftlicher und praktischer Diskussion.[58] So wird die Anzahl der Veröffentlichungen zu diesem Themengebiet allein in der angloamerikanischen Literatur auf über 15.000 geschätzt.[59] Eine allgemein anerkannte Definition des Konstrukts der Kundenzufriedenheit existiert jedoch nicht und schon 1979 klagte Day über diesen Tatbestand: „While everybody knows what satisfaction means, it clearly does not mean the same thing to everybody".[60] Vielmehr bestehen eine Vielzahl von sprachlichen Ansätzen zur Operationalisierung, wie beispielsweise von Meffert und Bruhn (1981), die Kundenzufriedenheit als „Übereinstimmung zwischen den subjektiven Erwartungen und der tatsächlich erlebten Motivbefriedigung bei Produkten oder Dienstleistungen" beschreiben.[61] Die Definitionen von Kundenzufriedenheit unterscheiden sich meist durch

---

[54] Vgl. Baumgartner, C. (2002), S. 18.

[55] Strukturentdeckende Verfahren der Statistik, wie z.B. die Faktorenanalyse oder Clusteranalyse, können zur Generierung von Hypothesen dienen, strukturprüfende Verfahren, wie z.B. die Kovarianzstrukturanalyse, zur Überprüfung von Annahmen über strukturelle Beziehungen im Datenmaterial zum Einsatz kommen (vgl. Küpper, H.-U. (2005), S. 374-376).

[56] Zur Erläuterung der Kovarianzstrukturanalyse bzw. Strukturgleichungsmodelle, vgl. Kapitel 3.

[57] Vgl. Backhaus, K. et al. (2006), S. 338; Bortz, J. (2005), S. 471.

[58] Vgl. Krafft, M. (2007), S. 20; Homburg, C./ Rudolph, B. (1997), S. 33.

[59] Vgl. Peterson, R.A./ Wilson, W.R. (1992), S. 61, zitiert nach: Hahn, C.H. (2002), S. 78.

[60] Day, R.L. (1979), S. 593.

[61] Meffert, H./ Bruhn, M. (1981), S. 597. Weitere Ansätze zur Operationalisierung des Konstrukts der Kundenzufriedenheit finden sich bei Korte (1995), S. 27f.

die Berücksichtigung kognitiver, affektiver und konativer Komponenten, jedoch kann resümiert werden, dass hierunter zumeist das Resultat eines komplexen, individuellen Beurteilungsprozesses zwischen Leistungserwartung und –empfindung aufgefasst wird.[62] Der transaktionsspezifischen Vorstellung kann die kumulative Sichtweise der Kundenzufriedenheit als Ergebnis aller bisherigen Kauf- und Konsumerfahrungen hinzugefügt werden. Homburg und Giering (2001) definieren Kundenzufriedenheit dementsprechend als „the result of a cognitive and affective evaluation, where some comparison standard is compared to the actually perceived performance. The satisfaction judgement is related to all the experiences made with a certain supplier concerning his products, the sales process, and the after-sale service".[63] Dieses Verständnis erscheint im Kontext dieser Studie als angemessener, da es hier um grundsätzliche Zusammenhänge zwischen der Kundenzufriedenheit und ihrer mittel- oder langfristigen Konsequenzen geht.

2.2.2 Modellierungsansätze der Kundenzufriedenheit

Ebenso wie bei der inhaltlichen Präzision der Kundenzufriedenheit sind auch alternative Modellierungsansätze in der Forschung existent. Als in der Literatur am häufigsten genannte Methoden werden hier das Confirmation/ Disconfirmation-Paradigma (C/D-Paradigma), die Equity-Theorie und die Attributionstheorie kurz skizziert (vgl. Abbildung 2).[64]

Im Basismodell des C/D-Paradigmas führt ein Soll/ Ist-Vergleichsprozess zur Bestätigung bzw. Nicht-Bestätigung, worauf, resultierend durch Stärke und Richtung dieser Bestätigung, Kundenzufriedenheit auftritt. Zentraler Bestandteil dieses Modells ist also die Bestätigung bzw. Nicht-Bestätigung und Zufriedenheit entsteht durch das Übereinstimmen bzw. Übertreffen der Soll-Leistung. Aufgrund zu hoher Erwartungen oder zu geringer Ist-Leistung kann dagegen Unzufriedenheit hervorgerufen werden. Das Equity-Modell führt die Bildung von Zufriedenheit ebenfalls auf einen kognitiven Vergleichsprozess zurück, der Fremd- und Eigenleistung unter der Prämisse gegenüberstellt, dass eine positive Bewertung einer Beziehung bzw. Transaktion dann stattfindet, wenn die Einsatz/ Ergebnis-Verhältnisse als gerecht empfunden werden.[65] Grundlage der Attributionstheorie ist die Annahme, dass über kognitive Prozesse Individuen Ereignissen und Handlungen

---

[62] Vgl. Bauer, M. (1999), S. 16; Krüger, S.M. (1997), S. 48.
[63] Homburg, C./ Giering, A. (2001), S. 45.
[64] Vgl. im Folgenden Homburg, C/ Rudolph, B. (1997), S. 35-38; Bauer, M. (2000), S. 19-24.
[65] Optional kann auch das Input/ Output-Verhältnis eines anderen Kunden als Referenzpunkt in Betracht gezogen werden. Als Einsatzgrößen werden direkt entstehende Kosten oder andere bewertbare Aufwendungen aus der Austauschbeziehung einbezogen, das Ergebnis beinhaltet die erhaltene Leistung, den Nutzen und den sozialen Effekt.

bestimmte Ursachen und Gründe beimessen. Die hierbei relevanten Sachverhalte sind zum einen der Ort, also ob das Resultat dem Kunden selbst (intern) oder dem Anbieter bzw. der Kaufsituation (extern) zugerechnet wird, die Stabilität der Ursache in den beiden Ausprägungen dauerhaft oder vorübergehend/ instabil und die angenommene Kontrollierbarkeit der Ursache durch den Anbieter. Die Ausprägungen dieser drei Aspekte beeinflussen die Zufriedenheit nach dem Konsumerlebnis, wobei vor allem der Ort der Ursache einen bedeutenden Beitrag zur Zufriedenheitsempfindung darstellt.[66]

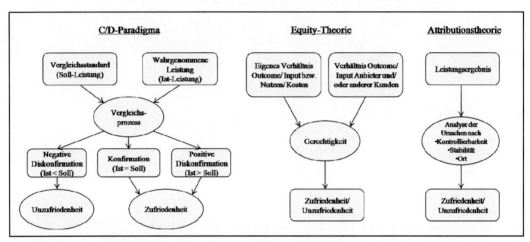

Abbildung 2: **Modellierungsansätze der Kundenzufriedenheit**
(in Anlehnung an: Bauer, M. (2000), S. 24; Homburg, C./ Giering, A./ Hentschel, F. (1999), S. 176)

2.2.3 Ansätze zur Messung der Kundenzufriedenheit

In der Literatur wird eine Vielzahl verschiedener Verfahren zur Kundenzufriedenheitsmessung diskutiert. Abbildung 3 stellt die gebräuchlichste Systematisierung der Ansätze vor.

Neben objektiven Indikatoren der Kundenzufriedenheit, wie Umsatz, Marktanteil oder Kundenwanderungsdaten, die eine hohe Korrelation mit der Kundenzufriedenheit aufweisen, keiner Verzerrung durch subjektive Empfindungen unterliegen, aber nur mit zeitlicher Verzögerung Wirkungen aufzeigen können, werden subjektive Messverfahren, die sich durch individuelle Wahrnehmung physischer und psychischer Aspekte auszeichnen, grundsätzlich unterschieden.[67] Diese bedienen sich keiner direkt

---

[66] Demgemäß ist ein Kunde, der sich für das Ergebnis selber verantwortlich fühlt (z.B. durch fehlerhafte Produktverwendung), weniger unzufrieden.
Kundenzufriedenheit kann auch mittels des Kano-Modells modelliert werden. Hier wird zwischen Basis-, Leistungs- und Begeisterungsfaktoren unterschieden, die sich je nach Erfüllung ihrer Attribute auf die Zufriedenheit auswirken (vgl. Herrmann, A./ Huber, F./ Braunstein, C. (2000), S. 47f.; Matzler, K./ Stahl, H.K./ Hinterhuber, H.H. (2006), S. 19).
[67] Vgl. Homburg, C./ Rudolph, B. (1997), S. 44; Korte, C. (1995), S. 56.

beobachtbaren Größe, sondern basieren auf vom Abnehmer subjektiv wahrgenommenen Zufriedenheitswerten.[68]

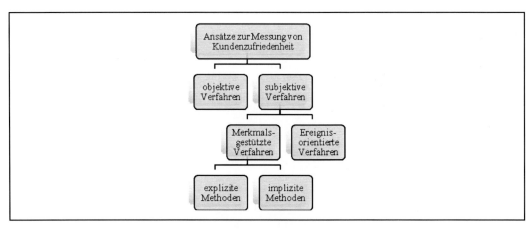

Abbildung 3: **Ansätz zur Messung von Kundenzufriedenheit**
(in Anlehnung an: Homburg, C./ Rudolph, B. (1997), S. 45)

In einigen Ländern, wie Schweden, Deutschland oder den USA, finden branchenübergreifende Zufriedenheitsmessungen mittels Nationaler Kundenbarometer statt. Diese Längsschnittuntersuchungen dienen der periodischen Ermittlung von Qualitäts-, Kundenzufriedenheits- und Kundenbindungsdaten sowie zentraler Erfolgsfaktoren von Unternehmen und Institutionen.[69] Ein verbreitetes Messmodell ist der American Customer Satisfaction Index (ACSI), der über sieben Wirtschaftssektoren, 34 Branchen und ca. 200 Unternehmen die Kundenzufriedenheit durch Fragen nach der Gesamtzufriedenheit, der (Nicht-) Bestätigung der Kundenerwartungen und dem Vergleich mit einer idealen Leistung misst (vgl. Abbildung 4).[70]

---

[68] Die weitere Unterteilung wird hier nicht näher erläutert (vgl. hierzu Homburg, C./ Rudolph, B. (1997), S. 44-46; Hahn, C.H. (2002), S. 89-91).

[69] Vgl. Bruhn, M./ Murmann, B. (1998), S. 6.

[70] Vgl. Fornell et al. (1996), S. 11. Das durch Ursache-Wirkungsbeziehungen gekennzeichnete ACSI-Modell bzw. das zugrunde liegende Hypothesensystem wird mit Hilfe des „Partial Least Squares"-Ansatzes der Kausalanalyse geschätzt. (Zum „Partial Least Squares"-Ansatz bzw. zur Kausalanalyse, vgl. Kapitel 3.) Analog hierzu erhebt das Deutsche Kundenzufriedenheitsbarometer Zufriedenheitsdaten hinsichtlich der Leistungen der Zielbranche oder der Anbieter als Gesamturteil, sowie branchenrelevanter Leistungsvariablen, wie Erreichbarkeit oder Freundlichkeit (vgl. Krafft, M. (2007), S. 24).

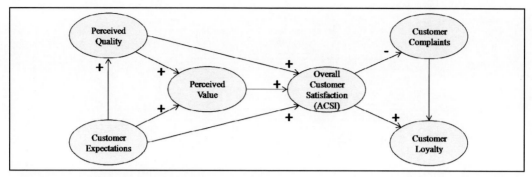

Abbildung 4:   **Das Modell des ASCI**
(Quelle: Fornell et al. (1996), S. 8)

2.3 Kundenloyalität

Loyalität kann beschrieben werden als „a deeply held commitment to rebuy or repatronize a preferred product/ service consistently in the future, thereby causing repetitive same-brand or same brand-set purchasing, despite situational influences or marketing efforts having the potential to cause switching behavior".[71] Hier wird deutlich, dass der Wiederkauf ein wichtiger Faktor der Loyalität ist. Einigkeit besteht bezüglich der Begriffsdefinitionen in der Literatur jedoch nicht.[72] Kundenloyalität kann als geringere Wechselbereitschaft aus der nachfragerbezogenen Sichtweise, die durch die Freiwilligkeit der Bindung charakterisiert wird, beschrieben werden, wohingegen Kundenbindung auch Wechselbarrieren mit einbezieht.[73] Oft werden Loyalität und Kundenbindung, die im Wesentlichen durch die Beibehaltung einer Geschäftsbeziehung durch einen beliebigen Ablauf von Markttransaktionen zwischen Anbieter und Abnehmer erklärt wird, aber auch synonym verwandt.[74] Die in dieser Studie relevante Sichtweise der Kundenbindung aus der nachfragerbezogenen Perspektive zeichnet sich durch eine eher verhaltensorientierte Interpretation aus und kann in diesem Kontext auch als Treue bezeichnet werden, die sich durch die Loyalität, bezogen auf das bisherige (Kaufverhalten, Weiterempfehlung) und beabsichtigte zukünftige Verhalten (Wiederkaufabsicht, Cross-Selling-Potential, Weiterempfehlungsabsicht) des Verbrauchers gegenüber dem Anbieter ausdrückt (vgl. Abbildung 5).[75]

---

[71]   Oliver, R.L. (1999), S. 34.
[72]   Vgl. Stahl, H.K. (2006), S. 87.
[73]   Vgl. Wolf, E./ Zerres, C./ Zerres, M. (2006), S. 7f. Töpfer (1999) beispielsweise differenziert zwischen der Kundenloyalität und –bindung und charakterisiert die Kundenloyalität und Kundenzufriedenheit als zwei zentrale Determinanten der Kundenbindung (vgl. Töpfer, A. (1999), S. 340f.).
[74]   Vgl. Krafft, M. (2007), S. 30; Herrmann, A./ Johnson, M.D. (1999), S. 584.
[75]   Die Kundenbindung aus anbieterbezogener Perspektive ist durch einen eher instrumentellen Typus charakterisiert und beinhaltet alle Aktivitäten, neue Kunden zu akquirieren oder die Beziehung zu bestehenden Kunden zu intensivieren (vgl. Homburg, C./ Giering, A./Hentschel, F. (1999), S. 178; Kritik an der gleichbedeutenden Verwendung der Begriffe Treue und Loyalität, vgl. Stahl, H.K. (2006), S. 87).

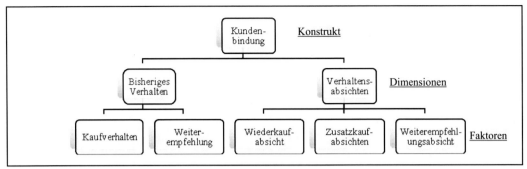

Abbildung 5: **Konzeptualisierung des Konstrukts Kundenbindung**
(Quelle: Homburg, C./ Giering, A./ Hentschel, F. (1999), S. 179)

Aufgrund der gleichbedeutenden Verwendung der Begriffe Kundenbindung, verstanden als passive, ergebnisorientierte Bindung des Kunden an einen Anbieter, und Kundenloyalität in einer Mehrzahl der Literatur und der zwischengelagerten Funktion innerhalb der Zufriedenheits- und Profitabilitätsbeziehung, wird dieser Gebrauch auch hier fortgesetzt, soweit nicht ausdrücklich auf eine andere Definition verwiesen wird.[76]

2.4 Kundenprofitabilität

Für ein Unternehmen profitable Kunden zeichnen sich dadurch aus, dass sie über den Zeitraum ihrer Beziehung für ein Unternehmen gewinnbringend sind, also einen positiven Ertragswert schaffen und somit die Differenz zwischen den kundenspezifischen Nettoerlösen und Kosten positiv ist.[77] Ausführlicher betrachtet kann Kundenprofitabilität aber auch als „Gesamtheit aller monetären und nicht monetären, qualitativen Wirkungen, die von einem Kunden ausgehen und den Nutzen dieses Kunden für ein Unternehmen determinieren" definiert werden.[78] Diese Charakterisierung impliziert, dass die Einflussfaktoren der Kundenprofitabilität sowohl monetärer (z.B. Umsatzerlöse oder Kundengewinnungskosten), als auch nicht monetärer Natur (z.B. Meinungsführerschaft oder Preissensibilität) sein können. Die Profitabilität eines Kunden kann anhand des Kundenwerts bemessen werden.[79] Methoden zur Ermittlung des Kundenwertes

---

[76] Vgl. Krüger, S.M. (1997), S. 21; Hahn, C.H. (2002), S. 112.

[77] Vgl. Wolf, E./ Zerres, C./ Zerres, M. (2006), S. 6.

[78] Krüger, S.M. (1997), S. 114. Diese Definition verweist somit auf den Wert eines speziellen Kunden für den Anbieter und nicht auf den Wert für den Kunden, bei einem bestimmten Anbieter zu kaufen (vgl. Söderlund, M./ Vilgon, M. (1999), S. 4).

[79] Hierbei kann eine Systematisierung über die zeitliche Betrachtungsweise erfolgen und zwischen der vergangenheitsorientierten (als Resultat einer zurückblickenden Erfolgsanalyse), zukunftsorientierten (Betrachtung des zukünftigen Potentials des Kunden) und der beziehungsorientierten Perspektive differenziert werden. Letztere Begriffsauffassung beinhaltet alle zu erwartenden Ertragsströme von Beginn bis Ende der Kundenbeziehung, wobei die aufgewendeten Kosten als Investitionen gesehen werden, die durch die geleisteten und zu erwartenden Erträge amortisiert werden müssen (vgl. Krüger, S.M. (1997), S. 110-114).

beschränken sich hauptsächlich auf monetäre Erfolgsgrößen, da die Bewertung anhand qualitativer Determinanten durch die Schwierigkeit ihrer direkten Quantifizierung und dem häufigen Mangel an geeignetem Datenmaterial problematisch ist.[80] Customer Lifetime Value-Ansätze (CLV) übertragen Prinzipien der dynamischen Investitionsrechnung auf Beziehungen zu Kunden oder Kundengruppen, besitzen als quasi-analytische, monetäre und dynamische Verfahren eine hohe Aussagekraft und beinhalten die dem Kunden direkt zurechenbaren Ein- und Auszahlungsströme der kompletten Beziehungsdauer.[81]

2.5 Hypothetische Zusammenhänge

2.5.1 Hypothetische Wirkungskette zwischen den Konstrukten

In den vergangenen Jahren zeichnet sich eine Umorientierung vieler (vor allem US-amerikanischer) Unternehmen von der alleinigen Zielgröße Kundenzufriedenheit zu dem von Anderson und Mittal (2000) formulierten kausalen Zusammenhang zwischen Kundenzufriedenheit, Kundenbindung und Profitabilität ab.[82] Diese Wirkungsfolge beginnt mit den Auslösern der Zufriedenheit (primär Preis und Qualität), die sich nicht direkt, sondern über die Kundenbindung auf die Profitabilität auswirkt (vgl. Abbildung 6).[83]

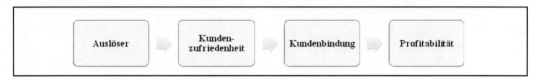

Abbildung 6: **Der Zusammenhang zwischen Kundenzufriedenheit und Profitabilität**
(in Anlehnung an: Anderson, E.W./ Mittal, V. (2000), S. 107)

Folgend werden verschiedene theoretische Erklärungsansätze in Bezug auf dieses hypothetische Wirkungsgefüge bzw. die einzelnen Glieder dieser Wirkungskette vorgestellt.

---

[80] Vgl. Krüger, S.M. (1997), S. 120f. Beispielhaft können hier die ABC-Analyse, die Kundendeckungsbeitragsrechnung, die kundenorientierte Prozesskostenrechnung (Activity Based Costing) und die Berechnung des Kundenkapitalwerts (KKW) genannt werden (vgl. Stahl, H.K. et al. (2006), S. 227-235; Cooper, R./ Kaplan, R.S. (1991)).

[81] Vgl. Bruhn, M. et al. (2000), S. 170f. Zur Darstellung von Scoring-Modellen als weiterer Ansatz zur Bewertung von Kundenbeziehungen und Problemen bei der Ermittlung von Kundenwerten, vgl. Peter, S.I. (1997), S. 272-274.

[82] Vgl. Anderson, E.W./ Mittal, V. (2000), S. 107; Hahn, C.H. (2002), S. 111f.

[83] Ähnliche kausale Wirkungsketten werden u.a. auch von Heskett, J.L. (1994) oder Homburg, C./ Bruhn, M. (1998) postuliert. Letztere differenzieren aber zwischen der Kundenloyalität und –bindung (vgl. Heskett, J.L. (1994), S. 166; Homburg, C./ Bruhn, M. (1998), S. 10).

2.5.2 Kundenzufriedenheit und -loyalität

Zur Erklärung der Verbindung der beiden Kennzahlen können verhaltenstheoretische Ansätze herangezogen werden.[84] Die Theorie der kognitiven Dissonanz vertritt die Annahme, dass Individuen ein dauerhaftes Gleichgewicht ihres kognitiven Systems anstreben. Dieses erreicht ein zufriedener Kunde dadurch, dass er das entsprechende Produkt wieder erwirbt, sich also loyal verhält, und somit kognitive Dissonanzen vermeidet. Die Lerntheorie folgt der Annahme, dass diejenigen Verhaltensweisen aufrechterhalten werden, für die das Individuum in der Vergangenheit „belohnt" wurde. Für die hier besprochene Thematik bedeutet dies, dass die Zufriedenheit des Kunden als positive Verhaltensverstärkung wirkt, die wiederum die Aussicht auf einen Wiederkauf erhöht.[85] Grundlage der Risikotheorie ist die Hypothese, dass Konsumenten versuchen, ihr subjektives kaufspezifisches Risiko zu vermindern. Loyales Kaufverhalten gilt neben der Beschaffung zusätzlicher Informationen oder der Orientierung an Meinungsführern als Risikoreduktionsstrategie. Zufriedene Kunden reduzieren durch ihre Loyalität gegenüber dem Anbieter somit ihr Risiko der Unzufriedenheit.[86]

In der Literatur werden u.a. die aktive Weiterempfehlung des Anbieters, eine höhere Resistenz gegen Aktivitäten der Wettbewerber, höhere Preisakzeptanz, weitere Abschlüsse mit dem Anbieter bzw. Loyalität und zusätzliche Umsätze durch den vereinfachten Absatz anderer Versorgungsobjekte des Unternehmens (Cross Buying) als Auswirkungen von Kundenzufriedenheit genannt.[87] Allerdings gibt es keine einheitliche Meinung über die Art der Relation von Kundenzufriedenheit und -loyalität. Obwohl in der Literatur oft von einem linearen Zusammenhang zwischen den beiden Größen ausgegangen wird, existieren auch einige Ansätze die eine nicht lineare funktionale Form des Zusammenhangs annehmen.[88] Abbildung 7 stellt verschiedene mögliche Funktionsverläufe des Zusammenhangs zwischen diesen beiden Größen dar. Allen Funktionsverläufen gemein ist die Annahme einer zunehmenden Loyalität bei ansteigenden Zufriedenheitsniveaus,

---

[84] Vgl. im Folgenden Homburg, C./ Giering, A./ Hentschel, F. (1999), S. 179-181.

[85] Diese Verstärkung kann bei erneuter Zufriedenheit zu noch intensiverer Kundenbindung führen.

[86] Als weitere Theorien zur Erklärung der Kundenloyalität können der sozialpsychologische, der interaktionsorientierte und der transaktionskostentheoretische Ansatz genannt werden (vgl. Foscht, T. (2002), S. 30-35).

[87] Vgl. Krüger, S.M. (1997), S. 86. Als weitere Einflussfaktoren der Kundenbindung werden in der Literatur die Konstrukte Attraktivität des Konkurrenzangebotes, Variety Seeking und Wechselbarrieren genannt (vgl. Krafft, M. (1999), S. 520).

[88] Vgl. Giering, A. (2000), S. 30.

allerdings differieren die Begründungen für die funktionale Beziehung der beiden Größen.[89]

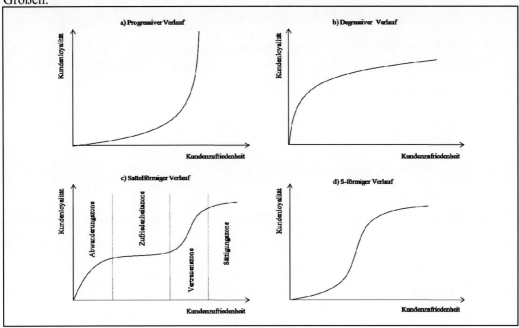

Abbildung 7: **Mögliche Funktionsverläufe des Zusammenhangs zwischen der Kundenzufriedenheit und Kundenloyalität**
(in Anlehnung an: Giering, A. (2000), S. 31)

Der grundsätzlich anzunehmende positive Einfluss der Kundenzufriedenheit auf die Kundenloyalität führt zu der Aufstellung der folgenden im weiteren Verlauf der Studie zu überprüfenden Hypothese:

> H_1: Die Kundenzufriedenheit beeinflusst die Loyalität der Kunden. Je höher die Zufriedenheit der Kunden, desto stärker binden sie sich an den Abnehmer.

Die Argumentationen für die einzelnen Funktionsverläufe verdeutlichen, dass die Beziehung zwischen den beiden Konstrukten nicht isoliert betrachtet werden kann. So werden branchenspezifische Einflüsse auf diese Beziehung angenommen, die zur Aufstellung der nächsten Hypothese führen:

---

[89] Zur Begründung der einzelnen Funktionsverläufe, vgl. Heskett, J.L. (1994), S. 167f.; Jones, T.O./ Sasser, W.E. (1995), S. 89; Herrmann, A./ Huber, F./ Braunstein, C. (2000), S. 48, 51; Anderson E.W./ Mittal, V. (2000), S. 114; Oliva, T.A./ Oliver, R.A./ MacMillan, I.C. (1992).
Diese Wirkung muss nach Jones und Sasser (1995) aber nicht für alle Kunden generell gelten. Sie identifizieren vier Zufriedenheitstypen (gekennzeichnet durch hohe oder niedrige Ausprägungen der Kundenzufriedenheit bzw. –loyalität), von denen die „Sklaven" sich durch Loyalität trotz Unzufriedenheit und die „Verräter" durch Illoyalität trotz Zufriedenheit auszeichnen (vgl. Jones, T.O./ Sasser, W.E. (1995), S. 96f.). Auch der sattelförmige Funktionsverlauf impliziert Bereiche in dem Zufriedenheitssteigerungen nahezu wirkungslos sind („Zufriedenheitszone", „Sättigungszone").

H_2: Der Zusammenhang zwischen der Kundenzufriedenheit und –loyalität ist abhängig von dem Wettbewerbsumfeld (und dessen Charakteristiken) in dem sich das jeweilige Unternehmen befindet.

2.5.3 Kundenloyalität und –profitabilität

Nachdem theoretische Beiträge zum Zusammenhang zwischen der Kundenzufriedenheit und Kundenbindung vorgestellt und hieraus Hypothesen abgeleitet wurden, soll der Fokus nun auf den theoretischen Erklärungsansätzen des nächsten Abschnitts der angenommenen Kausalitätenkette liegen (vgl. Abbildung 6).

Krüger (1997) postuliert in diesem Zusammenhang, dass die realisierbaren Gewinne im Laufe einer Kundenbeziehung durch Steigerung der Umsätze und Verminderung der Kosten ansteigen. Wenn das eingesetzte Kapital nicht proportional mit dem Gewinn zunimmt, bewirken die höheren Gewinne pro Kunde eine positive Wirkung auf die Rentabilität der Kundenbeziehung.[90] Reichheld und Sasser (1990) vermuten auf Basis ihrer Erfahrungen einen ähnlichen Zusammenhang dieser beiden Kennzahlen durch verschiedene erlössteigernde Effekte (vgl. Abbildung 8).[91]

---

[90] Vgl. Krüger, S.M. (1997), S. 152.

[91] Vgl. Reichheld, F.F./ Sasser, W.E. (1990), S. 106-109. Die Autoren betonen allerdings auch, dass es nicht sinnvoll ist alle Kunden zwanghaft zu halten. Vielmehr sollten durch die „abtrünnigen" unrentablen Konsumenten Informationen erhalten und genutzt werden, um die Beziehung zu profitablen Kunden zu verbessern und auszubauen. Diese Ausführungen verdeutlichen die Wichtigkeit der defensiven Geschäftsstrategie, da bestehende Abnehmer zu halten gewinnbringender ist als neue Kunden zu akquirieren (vgl. Söderlund, M./ Vilgon, M. (1999), S. 3).
Reichheld (1993) beschreibt in der Mitarbeiterloyalität und den daraus resultierenden sinkenden Einstellungs- und Schulungskosten einen weiteren profitabilitätssteigernden Effekt (vgl. Reichheld, F.F. (1993, S. 71).

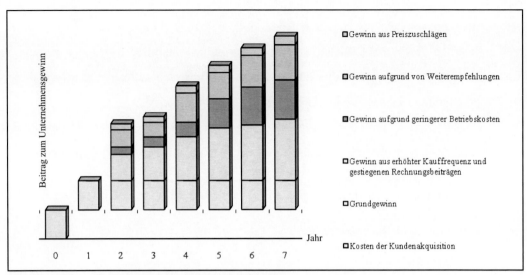

Abbildung 8: **Gewinnauswirkungen loyaler Kunden**
(in Anlehnung an: Reicheld, F.F./ Sasser, W.E. (1990), S. 108)

Die Auswirkungen der Kundenloyalität auf die Profitabilität lassen sich allerdings noch differenzierter darstellen. Diese Unterscheidung wird durch direkt und indirekt profitabilitätssteigernde, sowie erlössteigernde und kostensenkende Verhaltensweisen, die loyalen Kunden gewöhnlich unterstellt werden, vollzogen (vgl. Abbildung 9).[92] Ohne auf die einzelnen Verhaltensweisen näher einzugehen, kann hier von einer profitabilitätssteigernden Wirkung der Kundenloyalität ausgegangen werden.[93]

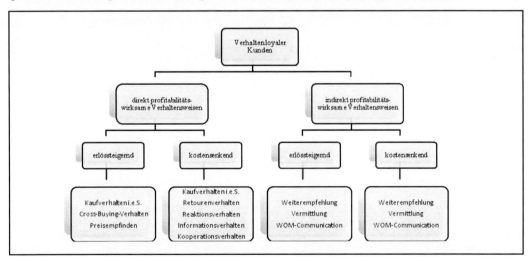

Abbildung 9: **Strukturierung unterschiedlicher Verhaltensweisen in Bezug auf die Profitabilität**
(Quelle: Foscht, T. (2002), S. 129)[94]

---

[92] Vgl. hierzu und zur genaueren Erläuterung der Verhaltensweisen, Foscht, T. (2002), S. 126-140.
[93] Allerdings sind hier die loyalitätssteigernden Kosten des Unternehmens unberücksichtigt geblieben. Außerdem entziehen sich die indirekten, d.h. über das (potentielle) Verhalten weiterer Kunden, profitabilitätswirksamen Verhaltensweisen einer monetären Bewertung (vgl. Foscht, T. (2002), S. 129f.).
[94] WOM-Communication bezeichnet hier die positive Mundpropaganda der loyalen Kunden (Word of Mouth-Communication).

Der positive Zusammenhang zwischen Kundenbindung und ökonomischem Erfolg kann auch anhand der drei Aspekte Sicherheit, Wachstum und Rentabilität begründet werden.[95] Auch hier werden für verschiedene Wirtschaftszweige unterschiedliche Zusammenhänge der Kundenbindung und des ökonomischen Erfolgs angenommen.[96]

Diese Erläuterungen über den Zusammenhang zwischen den beiden Größen der Kundenloyalität und -profitabilität führen somit zur Aufstellung folgender Hypothesen:[97]

Ξ_3:	Die Kundenloyalität beeinflusst die Profitabilität der Kunden. Je höher die Loyalität der Kunden, desto größer ist der ökonomische Erfolg des Unternehmens.

Ξ :	Der Zusammenhang zwischen der Kundenloyalität und –profitabilität ist abhängig von dem Wettbewerbsumfeld (und dessen Charakteristiken) in dem sich das jeweilige Unternehmen befindet.

Konsequenz der formulierten Hypothesen ist insofern auch die Annahme eines positiven indirekten Effektes der Kundenzufriedenheit auf die Profitabilität, wobei in der Literatur dieser Zusammenhang hauptsächlich über die zwischengelagerte Größe Kundenbindung beschrieben wird.[98] Allerdings wird der Einfluss der Kundenzufriedenheit auf die Profitabilität auch über andere zwischengeschaltete Faktoren, wie z.B. Preissensitivität, positive Mundwerbung oder geringere Marketingkosten, beschrieben.[99] Das Preisverhalten, welches sich aus den drei Aspekten Preisbereitschaft, -toleranz und –sensitivität

---

[95] Die Sicherheit kann durch ein höheres Maß an Interaktion, der Verringerung von Bonitäts-, Transport- oder Währungsrisiken, der Steigerung gegenseitiger Toleranz und dem Umstand, dass Missstände in der Geschäftsbeziehung diese nicht gleich zur Beendigung kommen lassen, erhöht werden. Eine höhere Weiterempfehlungsbereitschaft, die Verstärkung der Kauffrequenz, dem Kaufvolumen und mögliche Cross Buying-Effekte ermöglichen ein verstärktes Wachstum und die Rentabilität wird durch positive Mundpropaganda, geringere Verwaltungs- und Vertriebskosten, eine höhere Kauffrequenz und gestiegene Rechnungsbeiträge positiv beeinflusst (vgl. Herrmann, A./ Huber, F./ Braunstein, C. (2000), S.51f.; Peter, S.I. (1997), S. 41-50; Diller, H. (1996), S. 82).

[96] Vgl. Reichheld, F.F./ Sasser, W.E. (1990), S. 107.

[97] Da der Großteil der empirischen Untersuchungen zu diesem Thema die Profitabilität nicht auf Kunden-, sondern auf Unternehmensebene als abhängige Variable analysiert, soll dies durch den Einbezug der angenommenen profitabilitätssteigernden Wirkung auf Kunden- und Unternehmensebene in der Hypothese berücksichtigt werden.

[98] Vgl. Krafft, M. (1999), S. 526. Ein direkter Effekt der Kundenzufriedenheit auf die Profitabilität ist aufgrund sachlogischer Begründung (Zufriedenheit charakterisiert als Form der Befindlichkeit) nicht anzunehmen (vgl. Söderlund M./ Vilgon, M. (1999), S. 5).

[99] Vgl. Matzler, K./ Stahl, H.K./ Hinterhuber, H.H. (2006), S. 9; Fornell, C. (1992), S. 11; Anderson, E.W./ Fornell, C./ Lehmann, D.R. (1994), S. 55. Die Zuordnung einzelner Verhaltensweisen als Konsequenzen der Kundenzufriedenheit oder –loyalität ist in der Literatur nicht eindeutig.

zusammensetzt, ist insofern von Bedeutung, da sich der Preis direkt auf den ökonomischen Erfolg eines Unternehmens auswirkt.[100]

3 Strukturgleichungsmodelle

Strukturgleichungsmodelle können bei der Überprüfung von kausalen Beziehungen zwischen unbeobachtbaren Variablen zur Anwendung kommen. Daher sind diese Verfahren auch zur Überprüfung der aufgestellten Kausalhypothesen zur Erklärung von Merkmalszusammenhängen zwischen den hier untersuchten Variablen, für die sich keine direkten Messwerte erheben lassen, geeignet. Dieses Kapitel stellt das Grundgerüst dieser Analysemethode vor, wobei aufgrund des Umfangs dieser Studie kein Anspruch auf Vollständigkeit der Ausführungen gestellt wird.

3.1 Grundlagen

Die Analyse von Strukturgleichungsmodellen oder auch „multivariate Verfahren der zweiten Generation" wird bei vielen theoriegestützten Fragestellungen angewandt, die nicht beobachtbare Variablen, sogenannte hypothetische Konstrukte oder latente Variablen, beinhalten und ermöglicht eine simultane Analyse der direkten und indirekten Beziehungen dieser Faktoren.[101] Sollen kausale Abhängigkeiten zwischen bestimmten Merkmalen ermittelt werden, kann auch von der Kausalanalyse gesprochen werden.[102] Die zunehmende Verbreitung der Kausalanalyse in den Sozial- und Wirtschaftswissenschaften ist sicherlich auch auf die Entwicklung und kontinuierliche Verbesserung unterstützender Software zurückzuführen.[103]

Als Weiterentwicklung der im Bereich der Biometrik entwickelten Pfadanalyse, die beobachtbare Kausalzusammenhänge überprüft, untersucht die Kausalanalyse komplexe

---

[100] Die Preisbereitschaft bestimmt den maximalen Preis, den ein Kunde für ein Produkt zu zahlen bereit ist und gibt somit den Nutzen als monetäre Größe wider. Die Preistoleranz wird als „maximale Preiserhöhung eines Anbieters, die ein Abnehmer bei einem Produkt akzeptiert, ohne zur Konkurrenz zu wechseln oder auf den Kauf ganz zu verzichten", definiert (Diller, H. (2000), S. 169). Die Preissensitivität bestimmt sich aus dem Quotienten der prozentualen Absatzveränderung zur verursachenden prozentualen Preisänderung und gibt Auskunft darüber, wie stark Kunden auf eine Preiserhöhung reagieren (vgl. Festge, F. (2006), S. 53-56).

[101] Vgl. Backhaus, K. (2006), S. 11; Nader, G. (1995), S. 55; Fornell, C. (1982), S. 1.

[102] Die Problematik dieses Begriffes besteht darin, dass Kausalität im strengen wissenschaftstheoretischen Sinn nur anhand von Experimenten untersucht werden kann. Die Kausalanalyse kann dagegen mittels der Berechnung von Korrelationen bzw. Kovarianzen Beziehungen zwischen den untersuchten Variablen quantifizieren, lässt aber keine Aussage darüber zu, welche Variable verursachend für die andere ist (vgl. Homburg, C./ Hildebrandt, L. (1998), S. 17; Backhaus, K. et al. (2006), S. 345f.).

[103] Vor allem die Arbeiten von Bagozzi führten zu einem zunehmenden Interesse an der Kausalanalyse (vgl. u.a. Bagozzi, R.P. (1980); Homburg, C. (1992), S. 499). Computerprogramme wie LISREL, AMOS oder EQS ermöglichen eine vereinfachende Analyse und Überprüfung komplexer Kausalbeziehungen, sowie die grafische Darstellung von Strukturgleichungsmodellen als Pfaddiagramm (vgl. Homburg, C./ Baumgartner, H. (1995b), S. 162; Buch, S. (2007), S. 2).

Abhängigkeitsstrukturen zwischen abhängigen (endogenen) und unabhängigen (exogenen) Variablen und differenziert zwischen beobachtbaren (manifesten) und nicht beobachtbaren (latenten) Variablen.[104] Die Kausalanalyse kann zwei verschiedene Ausprägungen annehmen: Die konfirmatorische Sichtweise zielt darauf ab, abgeleitete Strukturen von aufgestellten Hypothesen zu prüfen und die explorative Analyse beschäftigt sich mit der Suche nach kausalen Strukturen.[105]

3.2 Vorgehensweise zur Entwicklung eines Strukturgleichungsmodells

Die Entwicklung eines Strukturgleichungsmodells zur Überprüfung eines aufgrund theoretischer Überlegungen entworfenen Hypothesensystems kann mittels folgender Ablaufschritte erfolgen, an denen sich auch der weitere Aufbau dieses Kapitels orientiert:[106]

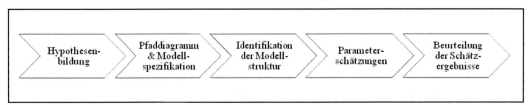

Abbildung 10: Ablaufschritte zur Entwicklung eines Strukturgleichungsmodells
(in Anlehnung an: Backhaus, K. et al (2006), S. 357)

3.3 Pfaddiagramm und Modellspezifikation

Nach der Hypothesenbildung durch Identifikation der im Strukturgleichungsmodell zu berücksichtigenden Variablen und deren Beziehung zueinander (Festlegung der Vorzeichen) anhand intensiver fachlicher Überlegungen kann anhand eines Pfaddiagramms der Aufbau eines beispielhaften Strukturgleichungsmodell visualisiert werden (vgl. Abbildung 11).

---

[104] Vgl. Peter, S.I. (1997), S. 133. Dieses multivariate Verfahren verbindet faktoranalytische (Schätzung der Beziehungsstärke zwischen beobachtbaren und latenten Variablen) und regressionsanalytische (Darstellung theoretischer Zusammenhänge beobachtbarer und latenter Variablen) Ansätze (vgl. Buch, S. (2007), S. 2).

[105] Vgl. Hahn, C.H. (2002), S. 92.

[106] Desweiteren kann nach der Bewertung der Schätzergebnisse eine Modifikation der Modellstruktur erfolgen, um eine Verbesserung der Prüfkriterien zu erreichen. Da die veränderten Hypothesen jedoch nicht mehr auf sachlogischen Überlegungen, sondern auf der empirischen Untersuchung basieren, handelt es sich hierbei eine explorative (hypothesengenerierende) Datenanalyse (vgl. Backhaus, K. et al. (2006), S. 256).

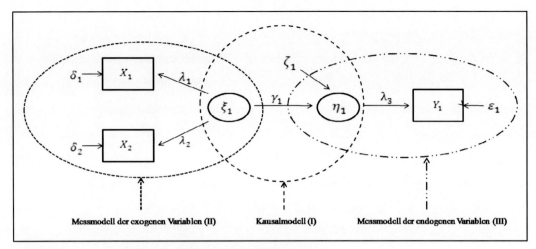

Abbildung 11: Strukturgleichungsmodell als Pfaddiagramm
 (in Anlehnung an: Buch, S. (2007), S. 14)

Der folgenden Tabelle können die Parameter- und Variablenerklärungen entnommen werden (vgl. Tabelle 2):

Parameter und Variablen in einem vollständigen Strukturgleichungsmodell	
η	Latente endogene Variable
ξ	Latente exogene Variable
y	Indikatorvariable für eine latente endogene Variable
x	Indikatorvariable für eine latente exogene Variable
ε	Residualvariable für eine Indikatorvariable y
δ	Residualvariable für eine Indikatorvariable x
ζ	Residualvariable für eine latente endogene Variable
γ	Pfadkoeffizient im Strukturmodell
λ	Faktorladung zwischen latenter Variable und Indikator

Tabelle 2:   Parameter- und Variablenerklärungen des Strukturgleichungsmodells
 (in Anlehnung an: Buch, S. (2007), S. 15)

Das Pfadmodell illustriert die zugrundeliegenden Messüberlegungen und Ursache-Wirkungshypothesen und besteht aus einem Struktur-/ Kausalmodell (I) und den Messmodellen der latenten endogenen und exogenen Variablen (II, III).[107] Hier werden die aufgrund theoretisch bzw. sachlogischer Überlegungen aufgestellten Abhängigkeitsbeziehungen zwischen den hypothetischen Konstrukten (dargestellt durch Ellipsen) abgebildet. Die latenten Konstrukte werden über die Messmodelle operationalisiert und diese beinhalten (durch Rechtecke markierte) empirische Indikatoren der latenten Variablen, die die nicht beobachtbaren Größen möglichst genau abbilden

---

[107] Vgl. Hahn, C.H. (2002), S. 93.

sollen.[108] Die Pfeilrichtungen innerhalb des Pfaddiagramms geben die Wirkungsrichtungen der Variablen an und die anliegenden Parameter (Pfadkoeffizienten) sind ein Maß der Stärke des Zusammenhangs zwischen den Variablen. Während z.B. bei der Regressionsanalyse von einer fehlerfreien Messung der Variablen ausgegangen wird, findet eine explizite Berücksichtigung von Messfehlern innerhalb des Kausalmodelles durch Residualvariablen statt.[109] Um zu testen, ob die hypothetischen Zusammenhänge durch die erhobenen Daten statistisch belegt werden können und welche Gewichtung die Pfadkoeffizienten haben, muss das Pfadmodell formaltheoretisch durch ein Gleichungssystem abgebildet werden.[110]

Folgend wird kurz auf die unterschiedlichen Modellspezifikationen der formativen und reflektiven Messmodelle eingegangen. Welches dieser beiden Modelle zu spezifizieren ist, muss von der theoretischen Grundlage bzw. der Richtung der Kausalität zwischen dem hypothetischen Konstrukt und der beobachteten Variablen abgeleitet werden.[111]

Formative Messmodelle zeichnen sich dadurch aus, dass die Indikatoren das hypothetische Konstrukt bilden. Die latente Variable kann auch als gewichtete Zusammensetzung seiner Indikatoren beschrieben werden. Dies impliziert eine Veränderung des hypothetischen Konstrukts bei Änderung auch nur eines Indikators und dementsprechend liegt der Messfehler hier auf der Konstruktebene.[112]

Bei reflektiven Messmodellen, die in den vorangegangenen Ausführungen betrachtet wurden, liegt eine entgegengesetzte Wirkungsrichtung, also von der nicht beobachtbaren Variablen zu den Indikatoren, vor. Bei einer Modifikation der latenten Variablen ändern sich dementsprechend alle Indikatoren, auf deren Seite auch die Messfehler berücksichtigt werden.[113]

---

[108] Vgl. Backhaus, K. et al. (2006), S. 341. Die Indikatoren stellen somit unmittelbar messbare Tatbestände dar, die das Vorliegen der gemeinten, aber nicht direkt erfassbaren Phänomene anzeigen (vgl. Krober-Riel, W. (1992), S. 28).

[109] Messfehler beinhalten nicht berücksichtigte Aspekte des Konstrukts und sonstige Störgrößen, die die Messung beeinflussen (vgl. Buch, S. (2007), S. 11).

[110] Die Darstellung des Pfadmodells als Gleichungssystem ist im Anhang vorzufinden (vgl. A.I).

[111] Vgl. Buch, S. (2007), S. 19. Ausführlichere Erläuterungen zur Bestimmung der Spezifikationsart sind bei Eberl (2006) vorzufinden (vgl. Eberl, M. (2006), S. 655-663).

[112] Vgl. Buch, S. (2007), S. 15f. Als Beispiel kann das Konstrukt Informationsangebot genannt werden, dass durch Indikatoren wie Produktbeschreibungen, Newsletter oder Informationen durch Mitarbeiter gebildet wird (vgl. Götz, O./ Liehr-Gobbers, K. (2004), S. 715). Die formativen Zusammenhänge in Bezug auf ein beispielhaftes Pfaddiagramm finden sich im Anhang (vgl. A.II).

[113] Vgl. Buch, S. (2007), S. 16f. Das Konstrukt der Marktdynamik, das durch eine Änderung von Indikatoren wie z.B. die schnelle Veränderung der Kundenbedürfnisse, das Angebot von Wettbewerbsprodukten und der häufige Anbieterwechsel von Kunden reflektiert wird, kann exemplarisch für ein reflektives Messmodell aufgeführt werden (vgl. Götz, O./ Liehr-Gobbers, K. (2004), S. 715).

3.4 Identifikation der Modellstruktur

Nach der formaltheoretischen Definition ist die Lösbarkeit des Gleichungssystems zu prüfen, d.h. ob die empirischen Informationen zur Schätzung der Parameter ausreichen. Eine nähere Erläuterung hierzu findet sich im Anhang.[114]

3.5 Parameterschätzungen

Zur Messung kausaler Zusammenhänge können die Methode der Kovarianzstrukturanalyse und der von Wold (1966) entwickelten „Partial Least Squares"-Ansatz (PLS-Ansatz) Anwendung finden.[115] Diese Methoden stehen in ergänzender Beziehung zueinander und die situationsspezifische Zielsetzung der Kausalanalyse entscheidet, welche Methode zur Anwendung kommen sollte.[116]

3.5.1 Kovarianzstrukturanalyse

Die Kovarianzstrukturanalyse zählt zu den bekanntesten Methoden zur Evaluation von Strukturgleichungsmodellen und erfährt, vor allem aufgrund der frühen Verfügbarkeit von LISREL, die größte Akzeptanz in der wirtschafts- und sozialwissenschaftlichen Forschung.[117] Durch Ermittlung der Kovarianzen oder Korrelationen zwischen den Indikatorvariablen kann die Beziehung zwischen den latenten Variablen und ihren Indikatoren sowie den latenten exogenen und endogenen Variablen bestimmt werden.[118] Hier liegt eine Analyse auf der Ebene von aggregierten Daten vor, die ein gegebenes Hypothesensystem in seiner Gesamtheit überprüft. Ziel der Hypothesenuntersuchung ist eine möglichst gute Annäherung der modelltheoretischen Korrelationsmatrix S an die empirische Korrelationsmatrix $\hat{\Sigma}$, was durch die Minimierung einer Diskrepanzfunktion erfolgt.[119] Bei dieser Parameterschätzung können verschiedene iterative Schätzverfahren Anwendung finden.[120] Ohne genauer auf die einzelnen Charakteristiken einzugehen, kann bei Annahme der Multinormalverteilung und großem Stichprobenumfang die Maximum-

---

[114] Vgl. A.III.

[115] Die Kovarianzstrukturanalyse wird nach einem von Jöreskog und Sörbom (1978) entwickelten Computerprogramm auch LISREL-Ansatz (Linear Structural Equations) genannt (vgl. Fornell, C./ Bookstein, F.L. (1982), S. 440; Scholderer, J./ Balderjahn, I. (2006), S. 57f.).

[116] Vgl. Hahn, C.H. (2002), S. 110; Wold, H. (1982), S. 342.

[117] Vgl. Hahn, C.H. (2002), S. 96.

[118] Die Grundlage dieses Ansatzes bildet also nicht die erhobene Rohdatenmatrix, sondern die aus den empirischen Daten ermittelte Kovarianzmatrix oder Korrelationsmatrix. Zur Unterscheidung von Kovarianz und Korrelation, vgl. Backhaus, K. et al. (2006), S. 341.

[119] Vgl. Backhaus, K. et al. (2006), S. 371; Homburg, C./ Klarmann, M. (2006), S. 728.

[120] Beispielsweise bietet die Software AMOS 5.0 dem Nutzer eine Auswahl zwischen der Maximum-Likelihood-Methode, der Methode der ungewichteten kleinsten Quadrate, der Methode der verallgemeinerten kleinsten Quadrate, der Methode der skalenunabhängigen kleinsten Quadrate und der Methode der asymptotisch verteilungsfreien Schätzer an.

Likelihood-Methode als genauester Schätzer bestimmt werden.[121] Die Möglichkeit der Berücksichtigung von formativen Zusammenhängen im Messmodell innerhalb der Kovarianzstrukturanalyse ist in der Literatur nicht eindeutig geklärt.[122]

3.5.2 „Partial Least Squares"- Ansatz

Der den Arbeiten von Wold (1966) zugrunde liegende „Partial Least Squares"-Ansatz ist auf die Entwicklung einer iterativen Prozedur auf Grundlage einer „Kleinsten Quadrate"-Schätzung („Least Squares") zur Bestimmung von Mehrkomponentenmodelle zurückzuführen, dessen Bestandteile sich auf die Konstrukte und deren Indikatoren eines Strukturgleichungsmodells beziehen.[123] Im Unterschied zum konfirmatorischen Charakter des Kovarianzstrukturansatzes kann der PLS-Ansatz bei unpräzisen Annahmen über Ursache-Wirkungsbeziehungen oder der explorativen Suche nach Strukturen zum Einsatz kommen. Das Bestreben liegt in der Minimierung der Varianzen der Messfehler aller abhängigen Variablen.[124] Abweichend zum LISREL-Ansatz benötigt die PLS-Methode keine Annahme über die Verteilung der Indikatoren und als Datengrundlage genügt eine kleine Stichprobe. Da der PLS-Ansatz an wenige restriktive stochastische Voraussetzungen gebunden ist („soft modeling"), kann er speziell in Untersuchungen genutzt werden, in denen keine angemessene Theorie existiert.

---

[121] Die Entscheidung für den jeweilig angemessensten Schätzalgorithmus ist anhand von folgenden Kriterien auszurichten: Multinormalverteilung der gemessenen Variablen, Skaleninvarianz der Fitfunktion, erforderliche Stichprobengröße und Verfügbarkeit von Inferenzstatistiken, insbesondere χ^2 (vgl. Backhaus, K. et al. (2006), S. 368-371). Scholderer und Balderjahn (2006) schränken jedoch das Kriterium des Vorliegen einer multivariaten Normalverteilung ein (vgl. Scholderer, J./ Balderjahn, I. (2006), S. 66).

[122] Der Großteil Autoren sprechen dies dem Ansatz ab (vgl. u.a. Hahn, C.H. (2002), S. 108; Festge, F. (2006), S. 123), wohingegen Götz und Liehr-Gobbers (2004) und Homburg und Klarmann (2006) diese Möglichkeit unter bestimmten Voraussetzungen sehen (vgl. Götz, O./ Liehr-Gobbers, K. (2004), S. 715; Homburg, C./ Klarmann, M. (2006), S. 735). Scholderer und Balderjahn (2006) sprechen hier von einem Missverständnis, da im LISREL-Manual die Spezifikation von formativen Modellen umfassend aufgezeigt wird und in der Literatur auch einige Überblicksartikel und Anwendungsempfehlungen vorzufinden sind (vgl. Scholderer, J./ Balderjahn, I. (2006), S. 65).

[123] Vgl. Hahn, C.H.(2002), S. 101. Die bisher geringe Popularität dieses Ansatzes ist vor allem durch die geringe Bereitstellung von Softwareprogrammen, wie z.B. LVPLS, PLS-Graph oder dem PLS-Modul SPAD des European Satisfaction Index System begründet (vgl. Götz, O./ Liehr-Gobbers, K. (2004), S. 715).

[124] Zur Schätzung wird nicht wie in der Kovarianzanalyse ein übergeordnetes Optimierungskriterium genutzt, sondern das Gesamtmodell in einzelne Regressionsgleichungen des Struktur- und Messmodells aufgeteilt. Die Residualvariablen werden mit Hilfe eines kombinierten Ansatzes der Hauptkomponentenanalyse und der kanonischen Schätzung minimiert. Die geschätzten Parameter sind im Allgemeinen nicht konsistent, aber nach Wold „consistent at large", d.h. sie werden genauer, wenn die Größe der Stichprobe und die Anzahl der Indikatoren ansteigen (vgl. hierzu und im Folgenden Homburg, C./ Klarmann, M. (2006), S. 734; Hahn, C.H. (2002), S. 102f., 108; McDonald, R.P. (1996), S. 248).

3.6 Beurteilung der Schätzergebnisse

Zur Beurteilung der Modellgüte, d.h. inwieweit eine Angleichung des aufgrund theoretischer Überlegungen formulierten Modells an die empirischen Daten gelungen ist, kann nach der Überprüfung formaler Aspekte auf Beurteilungskriterien zurückgegriffen werden, die in Gütekriterien zur Bewertung des Gesamtmodells und in Anpassungsmaße, die sich auf einzelne Modellkomponenten beziehen, unterteilt sind.[125]

3.6.1 Globale Anpassungsmaße

Globale Anpassungskriterien messen die Abweichung zwischen den vom Modell reproduzierten Varianzen/ Kovarianzen der Indikatorvariablen und den tatsächlichen Werten der Varianzen/ Kovarianzen aus der zugrunde liegenden Stichprobe bzw. der empirischen Kovarianzmatrix S und der vom Modell reproduzierten Kovarianzmatrix $\hat{\Sigma}$.[126] Anhand vorgegebener Schwellenwerte kann auf die Anpassungsgüte geschlossen werden (vgl. Tabelle 3).[127]

Anpassungsmaß	Anforderung
$\chi^2/\text{d.f.}$	$\leq 2,5$
Goodness-of-Fit-Index (GFI)	$\geq 0,9$
Adjusted-Goodness-of-Fit-Index (AGFI)	$\geq 0,9$
Normed Fit Index (NFI)	$\geq 0,9$
Comparative Fit Index (CFI)	$\geq 0,9$
Root Mean Square Error of Approximation (RMSEA)	$\leq 0,05$

Tabelle 3:   Anforderungswerte für globale Gütemaße
(Quelle: Buch, S. (2007), S. 33)

---

[125] Vgl. Izarbe, L. (2005), S. 39.

[126] Vgl. Homburg, C. (1992), S. 504. Der χ^2-Test testet die Nullhypothese, dass beobachtete und reproduzierte Daten sich nicht unterscheiden, also das Modell richtig ist. Weil wissenschaftliche Modelle jedoch immer Vereinfachungen unterliegen und die Nullhypothese somit eigentlich nie zutreffen kann, ist es notwendig, weitere Anpassungsmaße zur Gütebeurteilung zu berücksichtigen. Diese sollten möglichst empfindlich auf Fehlspezifikationen des Modells, aber vorzugsweise gering auf Kontextfaktoren, wie Stichprobengröße oder Verteilung der Daten, reagieren. Somit kann eine erheblich fundiertere Bewertung der Anpassungsqualität von Kausalmodellen erfolgen (vgl. Backhaus, K. et al. (2006), S. 379-382; Homburg, C./ Klarmann, M. (2006), S. 736).

[127] Globale Gütekriterien, die auf der Überprüfung von Kovarianzen basieren, können nur im Rahmen der kovarianzbasierten Analyse genutzt werden, was als Nachteil des varianzerklärenden Ansatzes betrachtet werden kann (vgl. Homburg, C./ Klarmann, M. (2006), S. 734). Inferenzstatistische Testmethoden, wie der χ^2-Test, auf Grundlage von Verteilungen können wegen des Fehlens einer Verteilungsannahme innerhalb des PLS-Ansatzes nicht verwendet werden. Hier können nicht parametrische Tests zur Beurteilung der Ergebnisse zur Verwendung kommen (vgl. Hahn, C.H. (2002), S. 104f.; Wold, H. (1982), S. 343).

3.6.2 Lokale Anpassungsmaße

Weder klärt eine schlechte Anpassung des Gesamtmodells darüber auf, welche Bestandteile des Modells dies verschulden, noch ist ein guter Fit kein Beweis für die Anpassungsgüte der einzelnen Teilstrukturen. Lokale Anpassungsmaße dienen der Bestimmung der Anteile, die Fehlervariablen und die eigentlich strukturbestimmenden Parameter (speziell Mess- und Abhängigkeitsparameter) zur Anpassungsgüte leisten.[128] Die lokale Gütebeurteilung kann durch die Berechnung der einzelnen Indikator- und Faktorreliabilitäten und durch die durchschnittlich erfasste Varianz für die Messmodelle sowie durch die Ermittlung der quadrierten multiplen Korrelation (R^2) zur Bewertung einzelner Gleichungen des Strukturgleichungsmodells stattfinden.[129]

Da eine Vielzahl von Beurteilungskriterien existieren, soll an dieser Stelle zur genaueren Darstellung auf die Arbeit von Homburg und Baumgartner (1995) verwiesen werden, die einen ausführlichen Überblick über verfügbare Anpassungsmaße gibt.[130]

3.7 Bewertung des Modells

Varianz- und kovarianzbasierte Strukturgleichungsmodelle stellen eine Gruppe besonders leistungsfähiger Analyseinstrumente dar und sind in vielen Teildisziplinen der Betriebswirtschaft von höchster Relevanz, da die Kausalanalyse als zurzeit einziger Ansatz die Untersuchung komplexer Abhängigkeitsstrukturen unter Berücksichtigung nicht messbarer Konstrukte ermöglicht.[131] Allerdings ist die enorme Leistungsfähigkeit dieser Methode auch durch einen hohen Grad an Komplexität gekennzeichnet. So ist vor allem eine intensive Auseinandersetzung mit den mathematischen Grundlagen und Anwendungsbedingungen eine notwendige Voraussetzung für die sinnvolle Nutzung dieses Instruments.[132]

Die meisten statistischen Methoden gehen von einer fehlerfreien Messung der Variablen aus und somit ist der Einbezug von Messfehlern innerhalb der Kausalanalyse ein Vorteil

---

[128] Vgl. Homburg, C. (1992), S. 504.
[129] Vgl. Homburg, C./ Baumgartner, H. (1995b), S. 170. Die Faktorreliabilität und die durchschnittliche erfasste Varianz geben Auskunft darüber, wie gut der Faktor durch seine gesamten Indikatoren gemessen wird.
[130] Vgl. Homburg, C./ Baumgartner, H. (1995b), S. 165-171.
[131] Vgl. hierzu und im Folgenden Diller, H. (2006), S. 611, 617; Homburg, C./ Klarmann, M. (2006), S. 727f., 741. Hier finden sich auch ausführlichere Erläuterungen zu Problemfeldern und Anwendungsfehlern.
[132] In der Literatur werden oft nicht die Methoden der Kausalanalyse selbst, sondern deren häufig unangemessene Anwendung kritisiert. Beispielhafte Anwendungsfehler können in der Fehlspezifikation des Messmodells oder dem zu geringen Stichprobenumfang liegen.

dieses Ansatzes.[133] Problematisch innerhalb dieser Methode ist das Fehlen eines notwendigen und ebenso hinreichenden Kriteriums, welches über die Identifizierbarkeit des Modells aufklärt.[134] Weitere Stärken des Ansatzes liegen in der Möglichkeit der Schätzung nichtrekursiver Beziehungen und der simultanen Prüfung aller Hypothesen (innerhalb der Kovarianzanalyse) durch eine Vielzahl von Reliabilitäts- und Validitätskriterien.[135] Der Anspruch der Kausalanalyse, durch Korrelationen Kausalitäten überprüfen zu können, sollte kritisch betrachtet werden. Die Erklärung der aufgedeckten Zusammenhänge sollte nur hinsichtlich der theoretisch abgeleiteten Hypothesen erfolgen, was jedoch die Sichtweise auf alternative Erklärungsmöglichkeiten stark einschränkt.[136] Umstritten ist darüber hinaus auch die Entscheidung, wann das Kausalmodell als falsifiziert oder bestätigt angesehen werden kann.[137] Minimalanforderungen als Grundlage zur Bewertung der Anpassungsmaße können hier nicht allgemeingültig verwendet werden, da sie von verschiedenen Parametern, wie der Komplexität und dem Stichprobenumfang, abhängig sind.[138]

4 Empirische Analysen zur Messung von kausalen Zusammenhängen anhand von Strukturgleichungsmodellen

Ziel dieses Kapitels ist die Überprüfung der Zusammenhänge zwischen den Größen der Kundenzufriedenheit, -loyalität und -profitabilität und der im theoretischen Teil aufgestellten Hypothesen anhand einiger beispielhafter auf Strukturgleichungsmodellen basierender empirischer Arbeiten, die zu diesem Themenkomplex erschienen sind. Hierzu sollen die Ziele, die Vorgehensweise und die Ergebnisse der jeweiligen Studie kurz vorgestellt und ihr Beitrag zu der hier untersuchten Problematik formuliert werden. Im folgenden Abschnitt werden zunächst empirische Studien auf der Grundlage

---

[133] Durch die Einbeziehung mehrerer Indikatorvariablen erfolgt eine Bereinigung des Messprozesses von möglichen Verzerrungen (Messfehlern) des einzelnen Indikators.

[134] Vgl. Homburg, C./ Baumgartner, H. (1995a), S. 1093.

[135] Vgl. Peter, S.I. (1997), S.134.

[136] Vgl. Backhaus, K. et al. (2006), S. 346f.; Bortz, J. (2005), S. 472. Ein Beispiel im Anhang soll diese Problematik näher erläutern (s. A.IV). Nach Hügens (2008) können Strukturgleichungsmodelle nur genutzt werden, um festzustellen, dass keine Kausalität vorliegt (vgl. Hügens, T. (2008), S. 122).

[137] Nach der Maximum-Likelihood-Methode gilt ein spezifiziertes Modell als falsifiziert, wenn die Wahrscheinlichkeit eines vorgegebenen Modells im Hinblick auf die erhobenen Daten nicht „genügend" groß ist (vgl. hierzu und im Folgenden Buch, S. (2007), S. 41; Bortz, J. (2005), S. 473f.).

[138] Falls alle Globalkriterien, aber die Partialkriterien nur überwiegend erfüllt sind (mehr als 50%), kann das spezifizierte Modell nur unter Vorbehalt angenommen werden und es sollte eine weiterführende Analyse und Modifikation erfolgen, um Schwachstellen zu identifizieren und eine höhere Anpassungsgüte zu erreichen (vgl. Peter, S.I. (1997), S. 150). Dies kann zu einem zwar konsistenten Modell führen, welches aber anstatt den in der Grundgesamtheit vorherrschenden Zusammenhängen die zufälligen Stichprobengegebenheiten wiedergibt (vgl. Homburg, C./ Klarmann, M. (2006), S. 737).

branchenübergreifender Daten beschrieben.[139] Die Untersuchungen betrachten hauptsächlich nicht die Kundenprofitabilität, sondern den gesamtökonomischen Unternehmenserfolg, der sich aber auf der Ebene der Abnehmer im Kundenwert konkretisiert.

4.1 Empirische Analysen anhand branchenübergreifenden Daten

4.1.1 Die Untersuchung von Fornell et al.

In ihrem Forschungsbeitrag überprüfen Fornell et al. (1996) das Modell des Amerikanischen Zufriedenheitsindex (ASCI) anhand der Daten für die sieben in dem Index erfassten Wirtschaftszweige.[140] Da die Autoren von einer generellen Annehmbarkeit des Modells ausgehen, testen sie dieses für die verschiedenen Wirtschaftssektoren, die im ASCI aufgeführt werden.[141]

Innerhalb der einzelnen Modelle sind 54 der 56 Effekte relevant bzw. entsprechen der angenommen Wirkungsrichtung.[142] Darüber hinaus ist eine gute Erklärung der Konstrukte Kundenzufriedenheit und Loyalität durch die Modelle gegeben.[143] Somit können die Modelle als gut mit den empirischen Daten übereinstimmend gewertet werden und die positive Beeinflussung der Loyalität durch die Kundenzufriedenheit wird in den betrachteten Branchen bestätigt.[144] Allerdings weisen die Autoren schon auf branchenspezifische Unterschiede dieser Beziehung hin. So ermittelten sie eine geringere Loyalität in Wirtschaftszweigen, in denen die Kundenzufriedenheit verhältnismäßig vom Preis abhängt. Ungeklärt bleibt in dieser Studie die Frage, ob der ACSI oder andere

---

[139] Diese basieren vor allem auf den Daten Nationaler Kundenbarometer. Die Ergebnisse der Studien auf Grundlage nationaler Zufriedenheitsbarometer besitzen aufgrund der starken Datenkorrelation auch für andere Länder Aussagekraft (vgl. Nader, G. (1995), S. 111).

[140] Vgl. Fornell, C. et al. (1996), Abbildung 4.

[141] Die Stichprobe setzt sich folgendermaßen zusammen: Verarbeitende Industrie/Konsumgüter: 12.075, 26,8% der Gesamtstichprobe; Verarbeitende Industrie/Gebrauchsgüter: 7.828, 17,4%; Transportwesen/Kommunikation/Versorgung: 10.101, 22,4%; Einzelhandel: 7.243, 16,1%; Finanzwesen/Versicherungen: 3.236, 7,2%; Andere Dienstleistungen: 3.328, 7,4%; Öffentliche Verwaltung/Staatliche Behörden: 1.183, 2,6%.

[142] Die beiden nicht korrekt angenommen Beziehungen sind im Bereich Finanzwesen/Versicherungen (negativer, wenn auch nicht signifikanter Effekt der Erwartungen auf die Zufriedenheit) und Öffentliche Verwaltung/Staatliche Behörden (positiver, aber nicht signifikanter Effekt der Erwartungen auf den wahrgenommenen Wert) vorzufinden. Die Modellschätzung innerhalb des ACSI findet mittels des PLS-Ansatzes statt.

[143] Die erklärte Varianz der Zufriedenheit liegt zwischen 0,70 (in Sektor Verarbeitende Industrie/ Konsumgüter) und 0,80 (in Sektor Finanzwesen/Versicherungen), der Kundenloyalität zwischen 0,26 (in Sektor andere Dienstleistungen) und 0,47 (in Sektor Finanzwesen/Versicherungen). Darüber hinaus belegt die Erklärung von mindestens 90% der Kovarianz in den einzelnen Modellen, dass alle relevanten Beziehungen der Variablen in dem Modell abgebildet sind.

[144] Vgl. hierzu und im Folgenden Fornell, C. et al. (1996), S. 13-16.

nationale Kundenindizes auch als Leistungsindikatoren der finanziellen Performance dienen können, weshalb folgend auch Beiträge zu dieser Problemstellung erörtert werden.

Zusätzliche Aufgabe der weiteren Analyse wird es sein, diesen Zusammenhang auf einer breiteren Basis zu bestätigen, branchenabhängige Effekte zu untersuchen, den Einfluss möglicher moderierender Variablen aufzudecken und diese Untersuchungen auch für den nächsten Pfad der zu überprüfenden Wirkungskette (Loyalität→Profitabilität) durchzuführen.

4.1.2 Die Untersuchung von Edvardsson et al.

Edvardsson et al. (2000) überprüfen die Ursache-Wirkungsbeziehungen zwischen der Kundenzufriedenheit, -loyalität und dem ökonomischen Erfolg hinsichtlich möglicher Unterschiede zwischen Dienstleistern und Anbietern von Sachgütern.[145] Sie unterstellen, dass diese Wirkungskette stärkere Effekte bei Dienstleistungsunternehmen aufweist bzw. loyale Kunden von warenanbietenden Firmen im Verhältnis eine geringere Profitabilität generieren.[146] Zur Überprüfung der Annahmen bzw. der daraus abgeleiteten Hypothesen greifen die Autoren auf die Daten des Schwedischen Kundenzufriedenheitsbarometers (SCSI) der Jahre 1995 bis 1997 zurück und stellen ein entsprechendes Pfaddiagramm auf, welches den direkten und indirekten (über die Kundenloyalität) Effekt der Kundenzufriedenheit auf die Performancegrößen Gewinn und Ertragssteigerung abbildet.[147]

---

[145] Vgl. Edvardsson, B. et al. (2000).

[146] Dies begründen die Autoren u.a. damit, dass Weiterempfehlungen der Servicekunden einen größeren Einfluss auf die Profitabilität haben, da die Vorteile dieser Produkte weniger greifbar und schwieriger zu kommunizieren sind und sich das Einkaufsverhalten von Serviceempfängern eher durch Wiederholungen und Regelmäßigkeit auszeichnet. Außerdem wird die Bindung der Kunden in Sachgüterbranchen eher durch Preisanreize wie Gutscheine, Absatzförderungen des Handels oder Preisvereinbarungen „erkauft" (zur genaueren Erläuterung dieser Argumente, vgl. Edvardsson, B. et al. (2000), S. 919f.).

[147] Die latenten Konstrukte der Zufriedenheit und Loyalität wurden aus den Daten des Kundenzufriedenheitsbarometers abgeleitet, wohingegen die unbeobachtbare Variable Gewinn durch die Indikatoren berichteter Gewinn, Gewinn vor Abschreibung und Kapitalrendite, bzw. das Konstrukt Ertragswachstum durch die Messgröße finanzieller Totalumsatz operationalisiert wurde. Anschließend folgte die Schätzung der Modelle anhand der PLS-Methode.

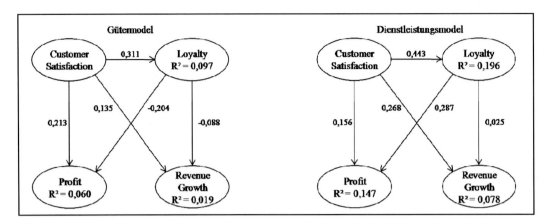

Abbildung 12: Pfaddiagramm mit Schätzergebnissen der Untersuchung von Edvardsson et al. (2000): Dienstleister versus Güteranbieter
(Quelle: Edvardsson, B. et al. (2000), S. 923)

Innerhalb der beiden Modelle sind außer der Wirkungen der Loyalität auf die Ertragssteigerung alle Effekte signifikant zum 10%-Niveau. Die Annahme einer stärkeren Beeinflussung der beiden finanziellen Größen durch die Zufriedenheit der Abnehmer von Dienstleistungen wird bestätigt (vgl. Abbildung 12).[148]

Innerhalb dieser Untersuchung wird der Zusammenhang zwischen der Kundenzufriedenheit und dem ökonomischen Erfolg (ohne die zwischengeschaltete Größe Loyalität) bestätigt, allerdings werden weitere Einflüsse der finanziellen Ebene nicht berücksichtigt. Deshalb sollten die Ergebnisse der beiden Modelle nicht absolut, sondern nur in Relation zueinander bewertet werden. Die Abgrenzung der Modelle nach Einbezug von Dienstleistern und Warenanbietern deuten darauf hin, dass die Verbindungen der Kundenkennzahlen zum wirtschaftlichen Erfolg je nach Art des Angebots Unterschiede aufweisen. Allerdings sollte in weiteren Untersuchungen eine genauere Differenzierung der Unternehmen stattfinden, um detailliertere Resultate hinsichtlich der Wirkungszusammenhänge zwischen den Untersuchungsobjekten aufzudecken.

4.1.3 Die Untersuchung von Fornell

Anhand der Daten des SCSI von 1989 bis 1991 untersucht Fornell (1992), inwieweit die Kundenzufriedenheit durch die Marktform und die Art der Nachfrage und des Angebots (heterogen oder homogen) beeinflusst wird.[149] Außerdem wird in dieser branchenübergreifenden Studie der Zusammenhang zwischen Zufriedenheit und Loyalität

---

[148] Totaler Effekt der Kundenzufriedenheit auf den Gewinn im Servicemodell 0,283 und im Gütermodell 0,150; auf Ertragssteigerung im Servicemodell 0,268 und im Gütermodell 0,135. Allerdings weisen die Werte der quadrierten multiplen Korrelation (R^2) nicht annähernd den von Homburg und Baumgartner (1995) empfohlenen Mindestwert von 0,4 auf, was die geringe Reliabilität der endogenen Variablen aufzeigt (vgl. Homburg, C/ Baumgartner, H. (1995), S. 172).

[149] Vgl. Fornell, C. (1992).

anhand von Unternehmen aus unterschiedlich wettbewerbsintensiven Industriezweigen analysiert.[150]

Anhand des innerhalb des Kundenzufriedenheitsbarometers verwendeten PLS-Ansatzes werden die unterschiedlich starken Beeinflussungen in den verschiedenen Branchen zwischen der Kundenzufriedenheit und –loyalität ermittelt. Aufgrund der Datenlage schließt Fornell, dass Branchen höhere Zufriedenheitswerte aufweisen, wenn bei einer heterogenen (homogenen) Nachfrage eine heterogene (homogene) Form des Angebots anzufinden ist. Monopolistische Unternehmen, die einer differenzierten Nachfrage gegenüberstehen, aber nur gleichartige Produkte anbieten, weisen somit keine hohen Kundenzufriedenheitswerte auf. Weiterhin erzielen Serviceanbieter allgemein eine geringere Zufriedenheit als Unternehmen aus produzierenden Gewerben.

Den ermittelten Daten für die latenten Variablen kann eine hohe Aussagekraft zugesprochen werden.[151]

Insgesamt wird eine positive Beeinflussung der Kundenloyalität durch eine gesteigerte Zufriedenheit festgestellt. Darüber hinaus überprüft Fornell die Ergebnisse auf verschiedene „Kundenzufriedenheitselastizitäten".[152] Diese geben den unterschiedlich starken Einfluss der Kundenzufriedenheit auf die Loyalität für die einzelnen Bereiche der Anbieter wieder und zeigen somit die unterschiedliche Wichtigkeit der Zufriedenheit für verschiedene Industriezweige auf.[153] Dies erklärt auch die durch das Kundenbarometer ermittelten hohen Zufriedenheitswerte von Unternehmen in wettbewerbsintensiven Marktstrukturen (vgl. Abbildung 13).

---

[150] Fornell beschreibt die Kundenzufriedenheit als eine Funktion der Erwartungen (vor dem Kauf) und der wahrgenommenen Performance (nach dem Kauf). Die Zufriedenheit der Konsumenten und die Variablen Wechselbarrieren und Voice (im Sinne von Beschwerden) stellen die Einflussfaktoren der Kundenloyalität dar. Der Einbezug des Faktors Voice bildet die Möglichkeit ab, Kunden die sich beschweren zu loyalen Abnehmern zu machen.

[151] Alle Modelle weisen eine durchschnittliche Varianz von mindestens 50% auf und die Reliabilität kann im Zeitverlauf als haltbar betrachtet werden. Das Bestimmtheitsmaß R^2 steigt von 0,44 in 1989 steigt auf 0,52 in 1990 und 1991 an (Durchschnittswerte). Außerdem kann durch die positiven Vorzeichen der Koeffizienten in den Beziehungen zwischen der Performance bzw. den Erwartungen zur Zufriedenheit sowie der Zufriedenheit zur Loyalität und der Signifikanz fast aller Koeffizienten auf die Validität der Modelle geschlossen werden (vgl. Fornell, C. (1992), S. 15f.).

[152] Vgl. Fornell, C. (1992), S. 16.

[153] Die Computer-, Nahrungsmittel- und Automobilbranche sind beispielsweise durch eine hohe Kundenzufriedenheitselastizität gekennzeichnet. Die Zufriedenheit stellt hier somit eine wichtige Voraussetzung der Loyalität dar, weil im Gegensatz zu (monopolistischen oder oligopolistischen) Unternehmen, wie z.B. Post oder Fernsehrundfunk (der Großteil der schwedischen Bevölkerung hat zum Untersuchungszeitpunkt nur Zugriff auf zwei staatliche Fernsehkanäle), die Möglichkeit, Kunden durch Wechselbarrieren zu binden, nicht in dem Umfang gegeben ist.

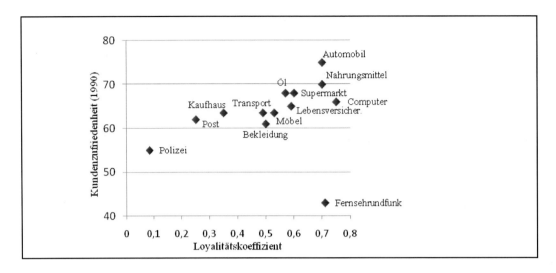

Abbildung 13: **Effekt der Kundenzufriedenheit auf die Loyalität**
(in Anlehnung an: Fornell, C. (1992), S. 18)

In Bezug auf die in dieser Studie zu überprüfenden Hypothesen kann diese Untersuchung als Bestätigung der Annahmen eines positiven Effektes der Kundenzufriedenheit auf die Loyalität sowie der Beeinflussung branchenspezifischer Charakteristiken, wie z.B. die Höhe der Wechselbarrieren, auf diesen Zusammenhang aufgefasst werden.

4.1.4 Die Untersuchung von Wallenburg und Weber

Die Studie von Wallenburg und Weber (2006) hat die Überprüfung der von Kaplan und Norton propagierten generischen Ursache-Wirkungsbeziehungen und deren Gültigkeit in der Praxis bzw. deren Identifikation auf einer breiten Datengrundlage zum Ziel.[154] Hierbei testen sie u.a. die Hypothese, dass der Erfolg auf der Kundenebene sich in einer positiven Wirkung auf den ökonomischen Erfolg widerspiegelt.

Hierzu untersuchen sie eine Stichprobe von 245 deutschen Unternehmen aus verschiedenen Branchen unter Verwendung der Kausalanalyse (AMOS 5.0).[155] Die Operationalisierung der Kundenperspektive fand hierbei durch die Indikatoren Kundenzufriedenheit, Kundennutzen, Kundenbindung, Neukundengewinnung, Marktanteil und Wachstum am Markt statt.[156]

Die Kausalbeziehungen zwischen den einzelnen Perspektiven sind deutlich positiv und hoch signifikant (mindestens 1%-Niveau). Somit konnte die Gültigkeit der von Kaplan und

---

[154] Vgl. Wallenburg, C.M./ Weber, J. (2006).
[155] Untersuchte Branchen: Nahrungs- und Genussmittel, Chemie/Kunststoffe/Pharma, Maschinen- und Apparatebau, Elektrotechnik/Feinmechanik/Optik, Automotive und Handel. 29 Unternehmen wurden aufgrund fehlender Angaben zu den relevanten Konstrukten eliminiert.
[156] Nach einer konfirmatorischer Faktorenanalyse fand die Eliminierung der Indikatoren Neukundengewinnung und Marktanteil statt. Zur konfirmatorischen Faktorenanalyse, vgl. Fritz, W. (1992), S. 145-149; Korte, C. (1995), S. 188f.; Backhaus, K. et al. (2006), S. 330).

Norton vorgeschlagenen Wirkungskette für ein Durchschnittsunternehmen belegt werden.[157] Darüber hinaus fanden die Autoren jedoch heraus, dass der finanzielle Erfolg wiederum der Lernen und Entwicklungs-Perspektive vorangeht, was also eher einem „Closed-Loop" denn einer Wirkungskette entspricht.[158]

Neben den von den Autoren erkannten Beschränkungen des Erklärungsgehalts durch die Operationalisierung der Konstrukte, den Erfassungszeitpunkt und den regionalen Fokus stellt sich die Frage der allgemeinen Aussagekraft der Studie. Die Ergebnisse belegen zwar, dass die Standardkonfiguration der BSC für ein Durchschnittsunternehmen gilt, jedes einzelne Unternehmen jedoch dessen Eignung selbst noch einmal zu überprüfen hat.[159] Diese Ausführungen verdeutlichen das Dilemma, das die Interpretation der Ergebnisse von Studien auf diesem Aggregationsniveau hervorruft. Die untersuchten und identifizierten Beziehungsstrukturen zwischen verschiedenen Kennzahlen können auf dieser Basis zwar belegt werden, allerdings impliziert dies nicht die Allgemeingültigkeit und Generalisierbarkeit dieser Zusammenhänge für das einzelne Unternehmen.[160]

4.1.5 Die Untersuchung von Giering

In ihrer Dissertation verfolgt Giering (2000) das Ziel der Identifikation von beeinflussenden Faktoren des Zusammenhangs zwischen der Kundenzufriedenheit und – loyalität.[161]

Da ihre Aussagen bereichsübergreifende Gültigkeit besitzen sollen, wurden 1998 zwei Datenerhebungen durchgeführt. Eine schriftliche Befragung im Industriegüterbereich erfolgte anhand eines Fragebogens, der nicht nur in Deutschland, sondern auch in den USA

---

[157] So konnte auch der signifikante positive Effekt der Kundenperspektive (ermittelt über die Indikatoren Kundenzufriedenheit, -nutzen, -bindung und Wachstum am Markt) auf die finanzielle Ebene (Umsatzrendite im letzten bzw. in den letzten drei Jahren) festgestellt werden (Pfadkoeffizient von 0,40). Eine Untersuchung von Bryant, Jones und Widener (2004) konnte diese Ergebnisse nicht bestätigen. So wurde bei der Überprüfung von zwei Darstellungsweisen der BSC, die sich dadurch unterscheiden, dass die Kennzahlen einer Perspektive nur in Beziehung zur hierarchisch nächsthöheren oder allen darüber liegenden stehen, eine bessere Anpassung an die empirischen Daten durch das komplexere Modell (signifikanter positiver Effekt der Kundenzufriedenheit auf den Marktanteil (0,820), sowie auf den Gewinn (direkter Effekt: 0,193; totaler Effekt: 0,284)) bestimmt, was die simplere Darstellung der BSC als zu grobe Vereinfachung der Zusammenhänge zwischen den Kennzahlen identifiziert (vgl. Bryant, L./ Jones, D.A./ Widener, S.K. (2004), S. 120-125).

[158] Die Wirkungskette Lernen und Entwicklung→Prozesse→Kunden→Finanzen→Lernen und Entwicklung weist hier die höchste Modellgüte der getesteten Wirkungsketten auf (vgl. Wallenburg, C.M./ Weber, J. (2006), S. 13f.).

[159] Vgl. Wallenburg, C.M./ Weber, J. (2006), S. 15.

[160] Zur weiteren Diskussion, vgl. Kapitel 5.

[161] Vgl. Giering, A. (2000).

erhoben wurde. Eine Erhebung im Konsumgüterbereich wurde anhand einer schriftlichen Konsumentenbefragung von 500 Studenten durchgeführt.[162]

Die empirische Untersuchung Gierings gliedert sich in zwei Teile: Im ersten Abschnitt soll die Überprüfung der Basishypothese (einer positiven Wirkung der Kundenzufriedenheit auf die Loyalität) stattfinden und folgend wird die Analyse potentieller Einflussfaktoren dieses Zusammenhangs durchgeführt werden.[163] Die hierbei anhand von Literaturrecherche und theoretischer Fundierung erarbeiteten Merkmale der Geschäftsbeziehung, Kunden-, Produkt- und Anbietereigenschaften sowie die Gegebenheiten des Marktumfeldes als mögliche moderierende Faktoren werden ebenfalls hinsichtlich der direkten Wirkung auf die Kundenloyalität überprüft.[164]

Wie den beiden mittels LISREL 8 berechneten Kausalmodellen zu entnehmen bzw. anhand der signifikanten positiven Werte der Strukturkoeffizienten zu erkennen ist, kann die Hypothese eines positiven Einflusses der Kundenzufriedenheit auf die Loyalität im Industrie- und Konsumgüterbereich bestätigt werden (vgl. Abbildung 14).[165]

---

[162] Der Fragebogen im Industriegüterbereich wurde an 2.475 deutsche und 2.300 US-amerikanische Einkaufs- und Beschaffungsmanager geschickt. Rücklaufquote: 528 bzw. 21,3% aus Deutschland und 453 bzw. 19,3% aus den USA. Rücklaufquote im Konsumgüterbereich: 317 bzw. 63,4% (vgl. Giering, A. (2000), S. 65-67).

[163] Giering differenziert in ihrer Arbeit zwischen Kundenloyalität und –bindung. Unter der Kundenloyalität versteht sie die nachfragerorientierte Perspektive der Kundenbindung, welche wiederum als Geschäftsbeziehung mit nicht zufälliger Folge von Markttransaktionen verstanden wird, was auch dem Verständnis dieser Arbeit entspricht (vgl. Giering, A. (2000), S. 18f.).

[164] Merkmale der Geschäftsbeziehung: Vertrauen, Informationsaustausch, Kooperation, Flexibilität, Dauer; Kundenmerkmale: Zentralisierung, strukturelle Unruhe, Risikoaversion des Managements (Unternehmen als Kunde), kognitive Unsicherheitsorientierung, Variety Seeking, Involvement, soziale Beeinflussbarkeit (Individuum als Kunde); Produktmerkmale: Bedeutung, Komplexität; Merkmale des Anbieters: Reputation, Generierung eines Zusatznutzens; Merkmale des Marktumfelds: Verfügbarkeit von Alternativen, technologische Dynamik, Wettbewerbsintensität auf dem Absatzmarkt. Für einen Überblick über die abgeleiteten Hypothesen in Bezug auf die Beziehung zwischen der Kundenzufriedenheit und – loyalität (vgl. Giering, A. (2000), S. 101-104).

[165] Die Weiterempfehlungsabsicht wurde als Komponente der Kundenloyalität im Business-to-Business-Bereich nicht berücksichtigt, da selten gute Lieferanten an die Konkurrenz weiterempfohlen werden. Zur Konzeptualisierung und Operationalisierung der Kundenzufriedenheit und Kundenloyalität wurden konfirmatorische und explorative Faktorenanalysen durchgeführt sowie auf das Fornell-Larcker Kriterium zurückgegriffen (vgl. Giering, A. (2000), S. 154-163 bzw. 86f. zur näheren Erläuterung des Fornell-Larcker Kriteriums).
Mindestens die Hälfte der Varianz der Wiederkaufabsicht und fast ein Drittel der Varianz der Zusatzkaufabsicht und ein Drittel der Weiterempfehlungsabsicht (im Konsumbereich) werden durch die Kundenzufriedenheit erklärt.

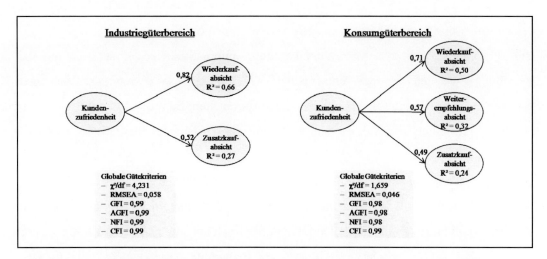

Abbildung 14: **Pfaddiagramm mit Schätzergebnissen der Untersuchung von Giering (2000)**
(in Anlehnung an: Giering, A. (2000), S. 164-167)

Im zweiten Teil der Untersuchung Gierings wurden die postulierten moderierenden Effekte mittels einer Mehrgruppenkausalanalyse und die hypothetischen direkten Wirkungen der Merkmale auf die Kundenloyalität durch die Modifizierung der Kausalmodelle getestet.[166] Da somit die Überprüfung von 19 Hypothesen (unterteilt in jeweils zwei Annahmen über den moderierenden und den direkten Effekt der Eigenschaften) durchgeführt wurde, soll hier keine Vorstellung der einzelnen Ergebnisse erfolgen.[167]

Die Resultate zeigen allerdings die teilweise unterschiedlichen Wirkungen der Moderatorvariablen auf. Als Untersuchungsergebnis kann die signifikante positive Wirkung der Kundenzufriedenheit auf die Kundenloyalität und die Variation dieses Zusammenhangs in Abhängigkeit des Kontextes (gekennzeichnet durch die Merkmale der Geschäftsbeziehung, der Kunden, des Produkts, des Anbieters und des Marktumfelds) formuliert werden. Die moderierenden Effekte können außerdem zur Erklärung von unterschiedlichen Ergebnissen anderer empirischer Studien hinsichtlich der Stärke bzw. des funktionalen Verlaufs des Zusammenhangs herangezogen werden.[168]

---

[166] Die Modifikation des Modells beinhaltete die Ersetzung der exogenen Variable Kundenzufriedenheit durch das jeweils interessierende Merkmal (vgl. Giering, A. (2000), S. 99, 169). Zur genaueren Erläuterung der Mehrgruppenanalyse, vgl. Giering, A. (2000), S. 95-98.

[167] Zur ausführlichen Darstellung der Ergebnisse, vgl. Giering, A. (2000), S. 168-190.

[168] Einschränkungen dieser Studie sind durch die Nichtuntersuchung des Dienstleistungsbereichs, die nicht repräsentative Datengrundlage und das statische Design der Analyse begründet (vgl. Giering, A. (2000), S. 198f.). Darüber hinaus kann die Messung der Kundenloyalität anhand der Dimensionen Wiederkauf-, Weiterempfehlungs- und Zusatzkaufabsicht kritisch gesehen werden, da die konkreten Verhaltensdimensionen keine Berücksichtigung finden. Auch die Charakterisierung der Dauer der Geschäftsbeziehung als moderierendes Merkmal ist zu hinterfragen, da sie nach Meinung des Verfassers eher eine Komponente der Kundenloyalität darstellt.

4.1.6 Empirische Analysen auf Basis alternativer Verfahren

Dieser Abschnitt stellt nun in kurzem Umfang weitere Studien vor, die sich mit der Beziehung zwischen den drei untersuchten Kennzahlen beschäftigen, aber bei ihrer Analyse nicht auf Strukturgleichungsmodelle zurückgreifen. Somit soll überprüft werden, ob die dargestellten Ergebnisse sich auch auf der Grundlage alternativer Verfahren bestätigen lassen.

Die Untersuchung von Anderson, Fornell und Lehmann (1994) basiert auf den Daten des SCSI und erforscht die Verbindung von kundenorientierten Kennzahlen, wie Kundenzufriedenheit, zu traditionellen Größen der Kostenrechnung.[169] Die Autoren stellen die Hypothese auf, dass der als Gesamtkapitalrentabilität (ROI) dargestellte Gewinn positiv durch die Kundenzufriedenheit beeinflusst wird, aber auch noch von anderen Faktoren, wie z.B. dem gesamtwirtschaftlichen Rahmen, unternehmensspezifischen Gegebenheiten und Störgrößen, abhängt.

Der Wert des Bestimmungsmaßes R^2 (0,82) der durchgeführten Kleinstquadrateschätzung belegt die hohe Aussagekraft des Modells und einen hohen Anteil der erklärten Varianz der endogenen Konstrukte.[170] Die Kundenzufriedenheit beeinflusst den Unternehmenserfolg positiv und darüber hinaus ist ein „carry over"-Effekt der Kundenzufriedenheit festzustellen. Dies impliziert einen durch die erhöhte Zufriedenheit nicht nur unverzüglich, sondern auch in den nachfolgenden Perioden eintretenden ökonomischen Gewinn. Somit können Unternehmen durch hochzufriedene Kunden Qualitätsschwankungen ausgleichen, wohingegen Firmen mit niedrigen Zufriedenheitswerten nur zeitaufwendig ihre Marktposition verbessern können. Weiterhin stellen die Autoren unter Berücksichtigung der Kosten fest, dass es ein optimales Zufriedenheitsniveau für Unternehmen geben muss. Da Bemühungen die Zufriedenheit der Abnehmer zu erhöhen das zukünftige Konsumentenverhalten und somit Zahlungsflüsse beeinflussen, sprechen sich die Autoren dafür aus, hierfür genutzte Ressourcen eher als Investition denn als Ausgaben zu betrachten.

Die Studie gelangt zu dem Ergebnis, dass der wirtschaftliche Gewinn eines Unternehmens durch die Kundenzufriedenheit positiv beeinflusst wird. Die Feststellung der Übertragungswirkung der Kundenzufriedenheit entspricht der kumulativen Sichtweise

---

[169] Vgl. Anderson, E.W./ Fornell, C./ Lehmann, D.R. (1994). Der SCSI setzt sich aus einer jährlichen Erhebung von Kundenzufriedenheitsdaten von ungefähr 100 führenden Firmen aus etwa 30 verschiedenen Branchen zusammen und soll eine Ergänzung zu traditionellen Kennzahlen der ökonomischen Performance bieten (vgl. Fornell, C. (1992), S. 6, 12f.).

[170] Die Ergebnisse der Kleinstquadrateschätzung finden sich im Anhang (vgl. A.V.).

dieses Konstrukts. Ebenso konstatieren die Autoren die Existenz eines optimalen Kundenzufriedenheitswertes (im Sinne der Profitabilitätsmaximierung). Dementsprechend sind Strategien zur Erreichung eines größtmöglichen Zufriedenheitswertes unzweckmäßig.[171]

Ziel der Studie von Anderson und Sullivan (1993) ist die Ermittlung der Determinanten und Konsequenzen der Kundenzufriedenheit.[172] Mit Hilfe einer Regressionsgleichung konnte eine positive Wirkung der Kundenzufriedenheit auf die Wiederkaufabsicht in den betrachteten Industriezweigen bestimmt werden.[173] Darüber hinaus wurde anhand einer Korrelationsberechnung zwischen der Zufriedenheit mit dem Unternehmen und der Bindungselastizität bezüglich der Zufriedenheit ein langfristiger Reputationseffekt durch anhaltende Kundenzufriedenheit festgestellt. Dies unterstützt die Annahme des von Anderson, Fornell und Lehmann (1994) beobachteten „carry over"-Effekts der Kundenzufriedenheit.

In ihrem Beitrag untersuchen Anderson, Fornell und Mazvancheryl (2004) die Wirkung der Kundenzufriedenheit auf das zukünftige Kundenverhalten bzw. dessen Einfluss auf den Unternehmenswert und differenzieren diese Beziehung hinsichtlich verschiedener Industriezweige.[174] Als Datengrundlage dienen 200 im ACSI aufgeführte Unternehmen und als Kennzahl für den Shareholder Value greifen die Autoren auf Tobin`s q zurück.[175] Die Überprüfung des Effekts der Kundenzufriedenheit (über die Kundenbindung, sowie der Einkaufsmenge, des Cross Buying, der Weiterempfehlungen und der Preistoleranz) auf den Unternehmenswert erfolgte u.a. mittels einer Regressionsanalyse (OLS). Hierbei wurde ein positiver signifikanter Zusammenhang zwischen dem Zufriedenheitsindex und Tobin`s q bzw. eine 1,062%ige Steigerung des Shareholder Values durch eine 1%ige Erhöhung der Kundenzufriedenheit (bei der Gesamtschätzung des Modells) ermittelt. Weiterhin konnten signifikante Unterschiede dieser Verbindung in Bezug auf die betrachtete Branche festgestellt werden. Unternehmen in fragmentierteren

---

[171] Vgl. Anderson, E.W./ Fornell, C./ Lehmann, D.R. (1994), S. 61.

[172] Vgl. Anderson, E.W./ Sullivan, M.W. (1993). Die Grundlage der Untersuchung bildet eine Umfrage unter 22.300 Kunden von 114 schwedischen Unternehmen aus 16 bedeutenden Produkt- und Dienstleistungsbranchen, die in den Jahren 1989 und 1990 zu ihrer Zufriedenheit und Loyalität (gemessen durch die Wiederkaufsabsicht) befragt wurden.

[173] Der Durchschnittswert der Regressionskoeffizienten betrug 0,58, allerdings weist die geringe Erklärungskraft ($R^2 = 0,19$) der Wiederkaufsabsicht durch die Zufriedenheit auf weitere Einflussfaktoren, wie z.B. Wechselbarrieren, hin (vgl. Anderson, E.W./ Sullivan, M.W. (1993), S. 137).

[174] Vgl. Anderson, E.W./ Fornell, C./ Mazvancheryl, S.K. (2004).

[175] Die Auswahl von Tobin`s q zur Darstellung des Unternehmenswertes erfolgte aufgrund der stärkeren zukünftigen Ausrichtung im Gegensatz zu ökonomischen Kennzahlen wie beispielsweise der Kapitalrendite (ROI). Zur genaueren Darstellung von Tobin´s q, vgl. Anderson, E.W./ Fornell, C./ Mazvancheryl, S.K. (2004), S. 175.

wettbewerbsintensiveren Märkten zeichneten sich hier durch eine schwächere Beziehung der beiden betrachteten Größen aus, was die Ergebnisse von Fornell (1992) nicht unterstützt.[176]

Im Rahmen der Untersuchung der Beziehung zwischen der Kundenzufriedenheit und Produktivität und der Wirkung dieser Größen bei Dienstleistern und warenanbietenden Unternehmen ermitteln Anderson, Fornell und Rust (1997) auch den Effekt der Zufriedenheit der Abnehmer auf das ökonomische Ergebnis in Bezug auf Unterschiede in den beiden Sektoren.[177] Mittels einer Regressionsgleichung bestimmen sie einen positiven Zusammenhang der Messgrößen der Kundenzufriedenheit (entnommen aus dem SCSI der Jahre 1989 bis 1992) auf die Unternehmensrentabilität in beiden Bereichen, stellen jedoch einen schwächeren Effekt der Zufriedenheit auf die Unternehmensrentabilität für Dienstleistungsunternehmen fest.[178] Darüber hinaus kommen die Autoren zu dem Ergebnis einer größeren Bedeutung der Kundenzufriedenheit (für das finanzielle Ergebnis) in Branchen mit niedrigeren Wechselbarrieren und unterstützen somit die Ergebnisse der Studie von Fornell (1992).

Auch Herrmann (1995) bestätigt diesen Zusammenhang in einer branchenübergreifenden Untersuchung der Wirkungsbeziehungen zwischen der Produktqualität, der Kundenzufriedenheit und der Unternehmensrentabilität.[179] Mittels eines regressionsanalytischen Schätzverfahrens konnte er in allen untersuchten Wirtschaftszweigen positive, aber unterschiedlich starke Effekte der Kundenzufriedenheit (über die Faktoren Wiederkauf und Empfehlung) auf die Rentabilität bestimmen.[180]

Die Studie von Yeung und Ennew (2001) kann diese Ergebnisse auf Basis des ACSI mittels regressionsanalytischer Verfahren attestieren.[181] Die Autoren belegen darüber hinaus, dass die Wahl des finanziellen Zielkonstrukts keine entscheidende Relevanz

---

[176] Fornell (1992) stellt einen stärkeren Zusammenhang der Kundenzufriedenheit und der (als profitabilitätssteigernd angenommenen) Kundenloyalität auf wettbewerbsintensiven Märkten fest.
[177] Vgl. Anderson, E.W./ Fornell, C./ Rust, R.T. (1997).
[178] So führt beispielsweise eine 1%ige Erhöhung der Kundenzufriedenheit sowie der Produktivität zu einer Steigerung des ROI um 0,365% für Sachgüter, jedoch nur zu einer 0,22%igen Verbesserung bei Services (Gegenteiliges Ergebnis zu der Untersuchung von Edvardsson et al. (2000)).
[179] Vgl. Herrmann, A. (1995).
[180] Als Datengrundlage diente eine 1993 durchgeführte Befragung von 3.200 US-amerikanischen Kunden der Automobil-, Luftverkehrs-, Bank-, Computer-, und Reisebranche.
[181] Vgl. Yeung, M./ Ennew, C.T. (2001).

hinsichtlich der Wirkung der Kundezufriedenheit auf die ökonomische Performancegröße hat.[182]

Die dargestellten Forschungsbeiträge ermöglichen die Ableitung branchenübergreifender Ergebnisse. So konnten in allen Arbeiten die angenommenen positiven Zusammenhänge zwischen den Untersuchungsobjekten bestätigt und branchenabhängige Differenzen innerhalb dieser Beziehungen identifiziert werden. Da die Relationen hier jedoch vor allem auf aggregiertem Niveau untersucht wurden, wird es Aufgabe in den folgenden Kapiteln sein, diese Ergebnisse auf Grundlage empirischer Studien auf niedrigeren Differenzierungsebenen zu überprüfen.

4.2 Empirische Analysen anhand von Branchendaten

4.2.1 Die Untersuchung von Gerpott und Rams

Die folgende Studie von Gerpott und Rams (2000) analysiert die Wirkungsbeziehungen und Differenzierbarkeit der Kundenbindung, -loyalität und –zufriedenheit und angebotsseitige Einflussfaktoren dieser Konstrukte innerhalb der deutschen Telekommunikationsbranche.[183]

Eine Telefonbefragung von 684 Privatkunden der auf dem Markt vorhandenen Anbieter wurde genutzt, um anhand einer Kausalanalyse die hypothetische zweistufige Wirkungskette von der Kundenzufriedenheit über die Loyalität zur Bindung sowie den Einfluss weiterer Faktoren auf diese Konstrukte zu testen.[184]

Mittels der Software LISREL 8 wurde eine kausalanalytische, konfirmatorische Überprüfung der vermuteten Ursache-Wirkungsbeziehungen vorgenommen und die Modellschätzung mittels der Methode der verallgemeinerten kleinsten Quadrate durchgeführt.

---

[182] Die Autoren unterscheiden hier zwischen internen (u.a. Umsatz, Betriebsergebnis, Nettoertrag) und externen (u.a. Börsenkurs) finanziellen Erfolgsmessgrößen (vgl. Yeung, M./ Ennew, C.T. (2001), S. 110, 114).

[183] Vgl. Gerpott, T.J./ Rams, W. (2000).
Der untersuchte Mobilfunkteilmarkt (aufgrund größter Umsatzerlöse und Kundenzahlen Konzentration auf dieses Marktsegment) kann als ein eher junger Markt eingestuft werden (alle vier Mobilfunknetzanbieter verfügten über keinerlei branchenspezifische Erfahrungen während des Markteintritts zwischen 1992 und 1998), zeichnet sich durch den Abschluss von Kontraktgeschäften zwischen den Abnehmern und den vier Netzbetreibern Mannesmann, Deutsche Telekom, E- Plus und VIAG Intercom aus und weist somit eine oligopolistische Struktur auf. Die Untersuchung beschränkt sich auf das Segment der privaten Nutzer, da Geschäftskunden oft nicht eigenständig über Abschluss und Verlängerung von Mobilfunkverträgen entscheiden können (vgl. Gerpott, T.J./ Rams, W. (2000), S. 739f.).

[184] Die Autoren differenzieren zwischen dem Konstrukt der Kundenbindung, die als eine möglicherweise auch unfreiwillige Beibehaltung einer Geschäftsbeziehung definiert wird, und der Kundenloyalität, die durch eine innere positive Einstellung zum Anbieter und seinen Leistungen und somit einer gewollten Aufrechterhaltung dieser Beziehung gekennzeichnet ist (vgl. Gerpott, T.J./ Rams, W. (2000), S. 741).

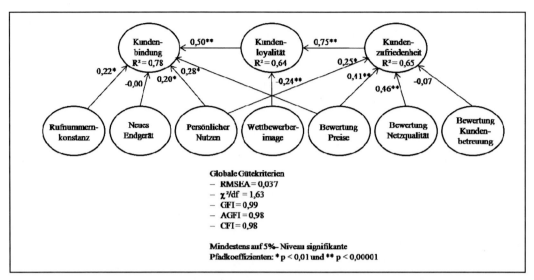

Abbildung 15: **Pfaddiagramm mit Schätzergebnissen der Untersuchung von Gerpott/ Rams (2000)**
(in Anlehnung an: Gerpott, T.J./ Rams, W. (2000), S. 749)

Das vorliegende Kausalmodell erfüllt alle Anforderungen der angewandten Prüfkriterien und kann somit als sehr gut übereinstimmend mit dem empirischen Datenmaterial gewertet werden (vgl. Abbildung 15).[185]

Die Annahme einer positiven Wirkung der Kundenloyalität auf die Kundenbindung wird bestätigt, allerdings wirken weitere Determinanten (Rufnummernkonstanz, Bewertung des persönlichen Nutzens und der Preise) auf das Konstrukt Kundenbindung ein. Außerdem konnte eine weitere signifikante positive Verbindung der Kundenzufriedenheit zur Kundenloyalität nachgewiesen werden, wobei auch hier eine weitere Determinante (Wettbewerberimage) auf die Loyalität einwirkt.

Die Betrachtung der indirekten Effekte verdeutlicht, dass das Konstrukt Kundenloyalität zwar den größten Einfluss auf die Bindung hat, die Bewertung der Preise in ihrer Gesamtwirkung aber nur einen wenig geringeren Effekt auf die Kundenbindung aufweist. Auch die Faktoren wahrgenommener persönlicher Nutzen und Rufnummernkonstanz beinhalten eine nennenswerte Bindungswirkung.

Trotz der innerhalb dieser Studie vorgenommenen Differenzierung zwischen der Kundenbindung und –loyalität konnte eine signifikante positive Beziehung der Kundenzufriedenheit zu diesen beiden Konstrukten festgestellt werden. Diese Unterscheidung ermöglicht eine Identifizierung angebotsseitiger Gestaltungsparameter, die

---

[185] Alle Faktorreliabilitäten sind größer als 0,6, die quadrierte multiple Korrelation ergibt für die latenten Konstrukte Werte größer als 0,4, die Globalkriterien erfüllen die Mindestanforderungen und nur das Konstrukt Bewertung Kundenbetreuung unterschreitet den Schwellenwert 0,5 der durchschnittlich erfassten Varianz. Die Prüfung eines alternativen Modells (Zusammenfassung der Loyalität und Zufriedenheit durch das Konstrukt Kundenverbundenheit) ergab keine bessere Übereinstimmung mit dem Datensatz (vgl. Gerpott, T.J./ Rams, W. (2000), S. 748-750).

nur auf einzelne Zielkonstrukte wirken. Der Einfluss weiterer Determinanten auf diese Wirkungskette wurde auch durch diese Untersuchung bestätigt.

4.2.2 Die Untersuchung von Bakay und Schwaiger

Ziel des Forschungsbeitrags von Bakay und Schwaiger (2006) ist die Bindung privater Kunden im liberalisierten deutschen Strommarkt zu erklären bzw. herauszufinden, welche Bindungsarten diesen Markt dominieren.[186] Hierzu findet ein Vergleich der Wirkung möglicher Low-Involvement-Determinanten gegenüber Bindungsursachen auf emotionaler und kognitiver Ebene statt sowie eine Abschätzung der Bedeutung der Risikoeinschätzung der Wechselbarrieren als Hintergrundfaktor.

Zur Bildung eines Hypothesensystems greifen die Autoren auf lerntheoretische, risikotheoretische und involvementtheoretische Begründungen zurück. Direkte Einflüsse auf die Kundenbindung werden durch das Commitment, die kognitiven Motive, das Streben nach kognitiver Entlastung, die Zufriedenheit und das Produktinvolvement der Stromkunden vermutet.[187] Zur empirischen Überprüfung dieser Hypothesen wird hier auf die Stichprobe einer bundesweiten telefonischen Befragung von 600 Haushaltsvorständen zurückgegriffen, die für Validierungszwecke in zwei annähernd gleich große Unterstichproben unterteilt wurde. Auf Basis von explorativen und konfirmatorischen Faktorenanalysen wurde das Konstrukt der Kundenbindung durch die beiden Dimensionen gefestigte Bindung und Wechselbereitschaft konzipiert, zwischen denen keine Unabhängigkeit, sondern eine negative Wirkung der gefestigten Bindung auf die Wechselbereitschaft angenommen wurde.

---

[186] Vgl. Bakay, Z./ Schwaiger, M. (2006).

[187] Commitment wird hier als das „Gefühl der Verpflichtung und Verbundenheit" aufgefasst, die Scheu kognitiver Aufwendungen wird als „bewusste innere Disposition…, sich nicht mit der Wahl eines Anbieters auseinandersetzen zu wollen" erklärt, die kognitiven Motive werden als „instrumentell-rationale Begründungen eines Kunden zur Aufrechterhaltung einer Geschäftsbeziehung" beschrieben und das Produktinvolvement als „Interesse eines Kunden an verfügbaren Produktangeboten" verstanden (Bakay, Z./ Schwaiger, M. (2006), S. 331-333 inkl. Fußnoten). Hier findet sich auch eine ausführlichere Darstellung der Begründungen.

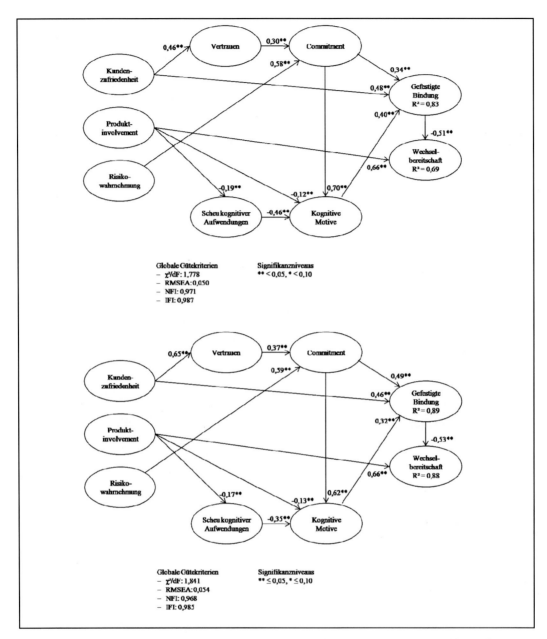

Abbildung 16: **Pfaddiagramme mit Schätzergebnissen der Untersuchung von Bakay/ Schwaiger (2006)**

(in Anlehnung an: Bakay, Z./ Schwaiger, M. (2006), S. 336)

Den beiden Kausalmodellen kann insgesamt eine gute Übereinstimmung mit dem vorliegenden Datensatz zugesprochen werden. Die angenommenen positiven direkten Wirkungszusammenhänge der Faktoren Commitment, kognitive Motive, Kundenzufriedenheit und Produktinvolvement auf die beiden Dimensionen der Kundenbindung wurden nachgewiesen (vgl. Abbildung 16).[188]

---

[188] Nur die Annahme des positiven Einflusses der Scheu vor kognitiven Aufwendungen auf die Bindung kann nicht bestätigt werden. Diese wirkt sogar indirekt über die kognitiven Motive bindungsvermindernd.

Die dargestellte Studie ermittelt zwar einen positiven Effekt der Kundenzufriedenheit auf die Kundenbindung, allerdings wird mit dem Produktinvolvement der einflussreichste Faktor der Bindung im Strommarkt identifiziert. Die in zuvor beschriebenen Analysen erhobene dominierende Wirkung der Zufriedenheit kann hier somit nicht bestätigt werden. Die vorliegenden Ergebnisse können aber höchstens auf ähnliche Wirtschaftszweige, wie die Versicherungsbranche oder den Bankensektor, übertragen werden, da diese sich auch durch vorherrschend schwach involvierte Kunden und vergleichsweise austauschbare Produkte auszeichnen.

4.2.3 Die Untersuchung von Bauer und Hammerschmidt

In ihrem Forschungsbeitrag untersuchen Bauer und Hammerschmidt (2004) die Frage, ob die Entwicklung qualitativ hochwertiger Internet-Portale zu einer Erhöhung der Zufriedenheit der Internetnutzer führt und dadurch wiederum die Loyalität gesteigert werden kann.[189] Der hier betrachtete Markt des E-Business zeichnet sich durch eine stark gestiegene Wettbewerbsintensität und eine extreme Ausweitung des Angebots und parallele Verringerung der Such- und Transaktionskosten aufgrund wirkungsvoller Such- und Vergleichsroutinen aus. Die fast vollständige Markttransparenz hat zu einer beträchtlichen Verringerung der Wechselbarrieren und der Variety Seeking-Kosten geführt, was hohe Anforderungen an die Anbieter für den Aufbau langfristiger Kundenbeziehungen impliziert.[190]

Die Autoren gehen von einer positiven Beeinflussung der Kundenbindung durch die Produktqualität über zwei Wirkungspfade aus. Zum einen können durch die Personalisierbarkeit des Portals bzw. der Schaffung eines Risikos hinsichtlich etwaiger nicht verfügbarer Services und Inhalte auf Portalen anderer Anbieter ökonomische sowie durch den Aufbau persönlicher Kontakte und sozialer Netzwerke soziale Wechselbarrieren entstehen, durch deren Wahrnehmung eine höherer Bindung an das Portal vermutet wird. Zum anderen wird eine gesteigerte Loyalität durch die Erhöhung der Kundenzufriedenheit angenommen, welche durch die mögliche persönliche Kombination von ausführlichen

---

Die Gütemaße NFI und IFI wurden hier genutzt, da das Programm AMOS 4.0 unter der Verwendung der Schätzmethode FIML nicht die Gütemaße GFI und AGFI ausgibt (vgl. Homburg, C./ Baumgartner, H. (1995), S. 167-169).

[189] Vgl. Bauer, H.H./ Hammerschmidt, M. (2004). Internetportal ist hier erklärt als „integratives Geschäftsmodell, das die grundlegenden Internetfunktionen auf einer Website bündelt und so eine Komplettlösung aus Transaktions-, Content- und Kommunikationsleistungen anbietet" (Bauer, H.H./ Hammerschmidt, M. (2004), S. 189).

[190] Vgl. Bauer, H.H./ Hammerschmidt, M. (2004), S. 189.

Inhalten und Services erreicht werden soll.[191] Die Datenerhebung zur Überprüfung der aufgestellten Hypothesen fand mittels einer Online-Befragung von Nutzern sechs regionaler Portale statt und die empirische Überprüfung der Annahmen wurde anhand des LISREL-Ansatzes durchgeführt.[192]

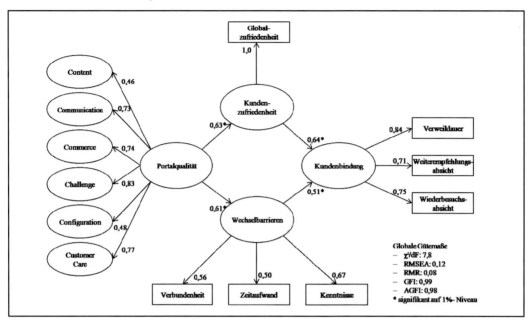

Abbildung 17: **Pfaddiagramm mit Schätzergebnissen der Untersuchung von Bauer/ Hammerschmidt (2004)**
(in Anlehnung an: Bauer, H.H./ Hammerschmidt, M. (2004), S. 208)

Die Überprüfung des Hypothesensystems ergab eine gute Modellanpassung und ausschließlich statistisch hochsignifikante Pfadkoeffizienten (vgl. Abbildung 17).[193]

Der Wert der quadrierten multiplen Korrelation der Kundenbindung ($R^2 = 0,83$) belegt die gute Erklärung des Konstrukts durch das Modell und die vermuteten positiven Effekte der Kundenzufriedenheit und Wechselbarrieren können bestätigt werden. Beide Faktoren haben einen sehr starken Einfluss auf das Zielkonstrukt, aber auch die Portalqualität weist

---

[191] Vgl. Bauer, H.H./ Hammerschmidt, M. (2004), S. 193.

[192] Die Durchführung eines χ^2-Tests ergab keine Veranlassung zur Ablehnung der Repräsentativität der Stichprobe (Rücklauf: 492 verwertbare Fragebögen). Die Reliabilität und Validität der einzelnen Modelle konnte durch zufriedenstellende bis sehr gute Werte als gut eingeschätzt werden. Einzig die durchschnittlich erfasste Varianz und das Kriterium χ^2/df der Messmodelle der Portalqualität lagen nicht in den in der Literatur empfohlenen Wertebereichen (vgl. Bauer, H.H./ Hammerschmidt, M. (2004), S. 205-208).

[193] Nur die Kennzahl χ^2/df stützte das Modell nicht. Die Autoren warnen allerdings vor einer Überbewertung dieses Kriteriums, aufgrund der bei großen Stichproben häufigen Ablehnung des Modells bei nur kleinen Abweichungen zwischen der modelltheoretischen und empirischen Kovarianzmatrix (vgl. Bauer, H.H./ Hammerschmidt, M. (2004), S. 209).

über die beiden mediierenden Wirkungspfade einen hoch relevanten Effekt auf die Loyalität der Portalnutzer auf (totaler Effekt: 0,71).[194]

Auch dieser Beitrag kommt in der relativ jungen digitalen Wirtschaft zu dem gleichen Ergebnis hinsichtlich des Zusammenhangs von Kundenzufriedenheit und –loyalität, identifiziert mit den Wechselbarrieren die weitere zentrale Bestimmungsgröße der Kundenbindung und bestätigt somit die empirischen Befunde aus vorangegangen Studien.[195]

4.2.4 Die Untersuchung von Smith und Wright

Aufgrund der Annahme der Zweckmäßigkeit von Kundenzufriedenheit und –loyalität als Indikatoren des Unternehmenserfolgs versuchen Smith und Wright (2004) die Determinanten dieser beiden Größen zu ermitteln und die Beziehung zwischen der Kundenloyalität und der finanziellen Performance aufzudecken.[196]

Hierzu stellen sie u.a. die Hypothese auf, dass hohe Werte der Eigenschaften des Produktnutzens und dadurch zufriedenere Kunden eine höhere Loyalität der Abnehmer bewirken. Außerdem nehmen die Autoren an, dass eine gesteigerte Kundenbindung einen direkten positiven Effekt auf die beiden Kenngrößen der finanziellen Ebene Umsatzwachstumsrate und Gesamtkapitalrentabilität sowie eine indirekte positive Wirkung über den durchschnittlichen Preis auf den ökonomischen Erfolg hat. Die Autoren treffen hier die Annahme einer positiven Beeinflussung des durchschnittlichen Preises durch die loyalen Kunden, da diese in ihren Einkaufsgewohnheiten weniger preissensitiv reagieren, weil sie durch vergangene positive Qualitätserfahrungen dem Produkt einen höheren Nutzen beimessen.[197]

Zur Überprüfung des hypothetischen Kausalmodells wurde die Software AMOS 4.0 genutzt. Abbildung 18 stellt das ermittelte empirische Modell mit den standardisierten Koeffizienten dar.

---

[194] Vgl. Bauer, H.H./ Hammerschmidt, M. (2004), S. 208-210. Der totale Effekt bestimmt sich aus der Summe der direkten und indirekten Wirkungen (Beispielhafte Berechnung des totalen Effekts der Portalqualität auf die Kundenbindung (hier liegen nur indirekte Effekte vor): 0,63 * 0,64 + 0,61 * 0,51 = 0,71).

[195] Vgl. u.a. Fornell (1992), Anderson, Fornell und Mazvancheryl (2004).

[196] Vgl. Smith, R.E./ Wright, W.F. (2004). Die Untersuchung betrachtet die sechs größten US-amerikanischen Computerfirmen (Apple, Compaq, Dell, Gateway, Hewlett- Packard, IBM) in dem Zeitraum von 1994 bis 2000 und das entsprechende Datenmaterial wurde durch zwei Computermagazine (PC World und PC Magazine) bereitgestellt, die regelmäßige Umfragen unter ihren Lesern durchführen.

[197] Qualitätseigenschaften werden innerhalb dieses Modells in direkter Beziehung zur Kundenloyalität gestellt und die Kundenzufriedenheit wird hier als zwischengeschaltetes Konstrukt nicht betrachtet.

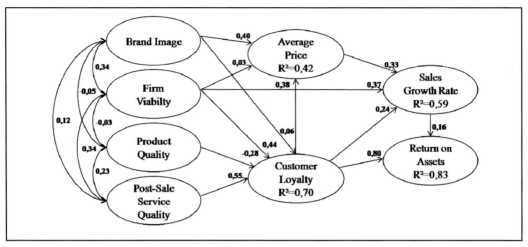

Abbildung 18: **Pfaddiagramm mit Schätzergebnissen der Untersuchung von Smith/ Wright (2004)**
(Quelle: Smith, R.E./ Wright, W.F. (2004), S. 196)

Dem Kausalmodell ist zu entnehmen, dass zwar 70% der Varianz durch die vier Eigenschaften des Produktnutzens erklärt werden, die Produktqualität allerdings einen negativen Effekt auf die Kundenloyalität aufweist. Dagegen wird die Annahme des positiven Einflusses der Loyalität auf die beiden finanziellen Kennzahlen bestätigt.[198] Die Autoren zeigen weiterhin (durch die Berechnung des Modells mit den Werten der ersten Ableitung) einen anhaltenden Effekt der Kundenloyalität auf die finanzielle Performance über die Zeit und durch die Überprüfung eines alternativen Modells, welches die Kundenloyalität nicht berücksichtigt, die Relevanz der Loyalität als Mediator der Beziehung zwischen den Attributen des Produktnutzens und den finanziellen Kennzahlen auf.[199]

Auf Grundlage dieser Ergebnisse kann der positive direkte und indirekte Effekt der Kundenloyalität auf den ökonomischen Erfolg bestätigt und somit die wichtige Rolle dieser Größe als Indikator der gesamten Unternehmensperformance in der Computerindustrie festgestellt werden.[200] Auch kann hier ähnlich zu den Ergebnissen von Anderson, Fornell und Lehmann (1994) zur Kundenzufriedenheit ein „carry over"-Effekt der Loyalität identifiziert werden.[201]

---

[198] Der direkte Effekt auf das Umsatzwachstum beträgt 0,24, der totale Effekt über den durchschnittlichen Preis sogar 0,36. Der direkte Effekt auf die Gesamtkapitalrentabilität liegt bei 0,80 und der totale Effekt (über den durchschnittlichen Preis und das Umsatzwachstum) bei 0,86.

[199] Vgl. Smith, R.E./ Wright, W.F. (2004), S. 201f.

[200] Die PC-Fertigungsbranche kann mit anderen Herstellungsindustrien verglichen werden, da die Anbieter hauptsächlich durch Produkt- und Servicequalität und der Fähigkeit, Kunden zufrieden zu stellen und beizubehalten, konkurrieren.

[201] Kritisch betrachtet werden muss jedoch vor allem die Datenerhebung unter den Lesern der Computermagazine, da diese keine repräsentative Stichprobe für die Gesamtheit der PC-Nutzer darstellen.

4.2.5 Die Untersuchung von Nader

Nader (1995) analysiert die Kundenzufriedenheit als Indikator des Unternehmenserfolgs bei Kreditinstituten und insbesondere die Annahme des positiven Effekts der Zufriedenheit der Bankkunden über deren Loyalität auf den wirtschaftlichen Erfolg.[202]

Hierzu nutzt der Autor die Daten des SCSI bzw. eine Stichprobe von jeweils 250 Privatkunden der fünf bedeutendsten schwedischen Banken.[203] Die Überprüfung des auf Basis der aufgestellten Hypothesen und operationalisierten Konstrukte entwickelten theoretischen Kausalmodells wurde mittels des PLS-Ansatzes durchgeführt und das resultierende Pfaddiagramm wird in Abbildung 19 dargestellt.

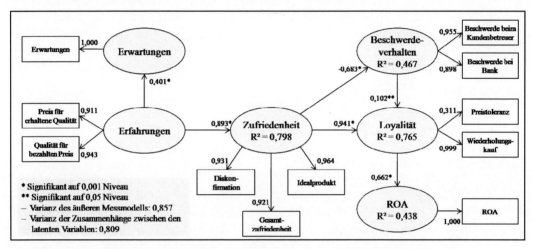

Abbildung 19: **Pfaddiagramm mit Schätzergebnissen der Untersuchung von Nader (1995)**
(Quelle: Nader, G. (1995), S. 112)

Die aufgestellten Hypothesen können hier als bestätigt angesehen werden, wobei die Loyalität fast vollständig durch die Zufriedenheit erklärt wird und wiederum einen signifikanten positiven Effekt auf den Unternehmenserfolg hat.[204]

Die vorliegende Studie untersuchte als erste den Zusammenhang des Unternehmenserfolgs und der Kundendienstzufriedenheit im Bereich der Finanzdienstleister und kann als Bestätigung der in dieser Studie formulierten Hypothesen gesehen werden, auch wenn

---

[202] Vgl. Nader, G. (1995), S. 105-116.

[203] Dies sind die Gotabanken, Handelsbanken, Nordbanken, SE Banken und Sparbanken. Hier werden Daten von Privatkunden genutzt, da Privatkredite das umsatzstärkste Produkt der Banken darstellen.

[204] Die gute Passung des Modells an die empirischen Daten kann anhand der Standardfehler (max. 0,031, außer ROA), der annehmbaren Werte des Bestimmtheitsmaßes R^2 und der Gütekriterien sowie den hohen Ladungen und Kommunalitäten und der durchschnittlich erfassten Varianz als Bestimmungsgröße der Reliabilität der latenten Variablen belegt werden. Für einen Überblick über die Ergebnisse der Schätzung, vgl. Nader, G. (1995), S. 114.

möglicherweise keine ausreichende Konstruktvalidität vorliegt und nur bestehende und nicht mögliche Kunden berücksichtigt wurden.[205]

Die Ergebnisse der vorangegangenen Studien unterstützen die in Kapitel 4.1 ermittelten Resultate. Die verstärkende Wirkung der Kundenzufriedenheit auf die Loyalität, sowie der positive Effekt der Kundenloyalität auf den finanziellen Erfolg konnte auch hier festgestellt werden. Darüber hinaus wurde auch der Effekt von branchenspezifischen Gegebenheiten, z.B. Wechselbarrieren, auf die Kundenloyalität nachgewiesen. Da jedoch hauptsächlich Analysen für wettbewerbsintensive Branchen vorliegen, können keine allgemeingültigen Aussagen über den Einfluss der Art des Wettbewerbs auf die betrachtete Wirkungskette gemacht werden. Im nächsten Teil dieser Studie werden nun Studien auf Basis der Daten einzelner Unternehmen untersucht, um die Gültigkeit der durch aggregierte Daten festgestellten Ergebnisse auch für beispielhafte einzelne Unternehmen zu überprüfen.

4.3 Empirische Analysen anhand von Firmendaten

4.3.1 Die Untersuchung von Burmann

Burmann (1991) untersucht und quantifiziert die zwischen der Konsumentenzufriedenheit und der Marken- und Händlerloyalität existierende Beziehungsstruktur am Beispiel der Automobilindustrie.[206] Darüber hinaus soll die Bestimmung von Veränderungen dieses Einflusses in der Nachkaufphase und des Zusammenhang zwischen der Händlerleistung und der Herstellerloyalität erfolgen.

Zu diesem Zweck greift er auf die Daten einer Befragung eines deutschen Automobilherstellers zurück.[207] Die Kundenzufriedenheit detailliert Burmann durch die drei Dimensionen Kauf-, Produkt- und Kundendienstzufriedenheit und bestimmt die jeweiligen Einflussstärken auf die Marken- und Händlerloyalität.[208]

---

[205] Hohe Werte der Pfadkoeffizienten und hohe Ladungen der beobachtbaren Konstrukte Loyalität und Zufriedenheit sind Anzeichen für eine mangelnde Konstruktvalidität.
Die Analyse von Hallowell (1996) bestätigt ebenfalls die Verbindung von Kundenzufriedenheit, -loyalität und Profitabilität im Privatkundenbereich eines Finanzdienstleisters mittels einer OLS-Regressionsanalyse (vgl. Hallowell, R. (1996), S. 31-37).

[206] Vgl. Burmann, C. (1991).

[207] Hier fand eine Befragung von 277.798 Kunden statt (Rücklaufquote 64,1%, hieraus Zufallsstichprobe von 6.000 Personen).

[208] Kundenloyalität wird hier als „mehrfacher Wiederkauf derselben (Firmen-) Marke bzw. mehrfacher Wiederkauf bei demselben Händler aufgrund positiver Einstellungen des Konsumenten gegenüber dem Hersteller/ Händler" definiert (Burmann, C. (1991), S. 251). Die Überprüfung der Reliabilität und Validität ergab gute Werte, allerdings werden einzelne Testverfahren nicht genannt (vgl. Burmann, C. (1991), S. 253).

Die für diese Studie relevanten und unter Verwendung des LISREL- Ansatzes ermittelten Resultate sollen nun kurz vorgestellt werden.

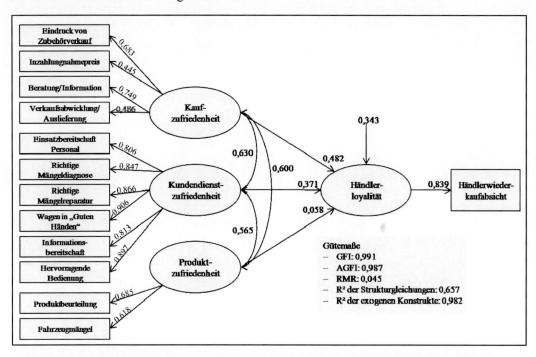

Abbildung 20: Pfaddiagramm mit Schätzergebnisse der Untersuchung von Burmann (1991)
(Quelle: Burmann, C. (1991), S. 254)

Die Händlerloyalität wird zu fast 66% durch die Zufriedenheitsdimensionen erklärt, allerdings führt eine minimale Verringerung der Gesamtzufriedenheit (von Höchstwert 1.0 auf 1.9 auf fünfstufiger Ratingskala) zu einem immensen Absinken der Händlerloyalität auf 50% (vgl. Abbildung 20, 21).[209] Die Markenloyalität kann sogar zu knapp 80% durch die Gesamtzufriedenheit der Kunden erklärt werden, was Burmann auf die höhere (emotionale) Bindung der Abnehmer an die Marke im Gegensatz zur Verbindung zu dem Händler zurückführt. Wichtigster Einflussfaktor ist hier die Produktzufriedenheit, wohingegen der Kundendienstzufriedenheit kein direkter Einfluss auf die Markenloyalität zugeschrieben werden kann.[210] Auch hat eine Verringerung des Gesamtzufriedenheitsniveaus keine so starke Auswirkung wie hinsichtlich der Händlerloyalität (vgl. Abbildung 21).[211] Dies begründet Burmann wiederum durch die

---

[209] Die Messung der Markenloyalität erfolgte anhand der Kaufabsicht, da aufgrund der langen Wiederkaufszyklen die Registrierung tatsächlicher Wiederkäufe aus Aktualitätsgründen als zweitrangig angesehen werden kann (vgl. Burmann, C. (1991), S. 251 und zum Folgenden S. 253-257).

[210] Die Kundendienstzufriedenheit bestimmt jedoch zum einen die Produktzufriedenheit und zum anderen die Händlerloyalität, was auf einen indirekten Einfluss auf die Markenloyalität hinweist.

[211] 50% der Kunden beabsichtigen erst bei einem Absinken der Zufriedenheit vom Optimalwert 1,0 auf 3,4 (wiederum fünfstufige Ratingskala) einen Markenwechsel.

intensivere emotionale Bindung an die Marke, sowie durch ein höheres soziales und wirtschaftliches Risiko bei einem Umstieg auf eine andere Marke.[212]

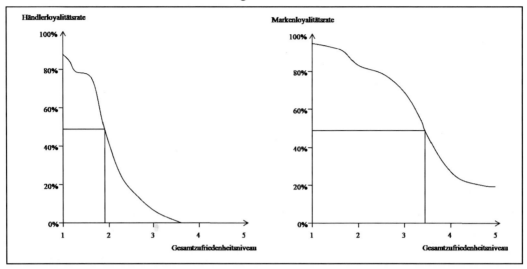

Abbildung 21: **Loyalitätsraten in Abhängigkeit vom Gesamtzufriedenheitsniveau**
(in Anlehnung an: Burmann, C. (1991), S. 256f.)

Die Untersuchung von Burmann zeigt die Bedeutung der Kundenzufriedenheit für die Bindung der Kunden an den Automobilhersteller und –händler auf, die aufgrund der spezifischen Vertriebsstrukturen in diesem Wirtschaftszweig einen vielschichtigen Zusammenhang aufweist. Auch beinhaltet diese Untersuchung als erste (der innerhalb dieser Studie aufgeführten Beiträge) die Operationalisierung der Kundenkonstrukte anhand mehrerer Dimension, was zu einem besseren Verständnis der Zusammenhänge führt. Die Ergebnisse verdeutlichen nochmals, dass die Kundenloyalität auch von anderen Faktoren, wie dem relativen Preisniveau und dem Standort, beeinflusst wird. So kann zwar allgemein von einer Verstärkung der Loyalität durch eine Zufriedenheitserhöhung ausgegangen werden, allerdings bleibt die Frage offen, wie weitere situative Faktoren diese Beziehung beeinflussen.[213]

---

[212] Durch eine segmentspezifische Analyse (nach Bildungsstand und Alter) konnte bei gleichem Zufriedenheitsniveau eine höhere Bereitschaft zum Händlerwechsel, als zum Markenwechsel festgestellt werden, was auf die durch die Kunden wahrgenommene Austauschbarkeit dieser zurückzuführen sein kann. Weitere Gründe für einen Wechsel trotz Zufriedenheit des Händlers konnten in dem Standort, für einen Wechsel der Marke in dem Produktpreis bestimmt werden. Burmann folgert hieraus, dass ein hohes Zufriedenheitsniveau nur in einem begrenzten Rahmen einen höheren Preis (in Relation zum Wettbewerb) ausgleichen kann (vgl. Burmann, C. (1991), S. 257).

[213] Burmann untersucht außerdem den Einfluss der Kundenzufriedenheitsdimensionen auf die Loyalität im Zeitablauf und ermittelt nur bezüglich der Händlerloyalität eine signifikante Veränderung der Einflussstärke der Zufriedenheitsdimensionen (vgl. Burmann, C. (1991), S. 254f.).

4.3.2 Die Untersuchung von Korte

Ziel der Forschungsarbeit von Korte (1995) ist die empirische Überprüfung der auf Basis früherer Forschungsergebnisse abgeleiteten Hypothesen zwischen der Kundenzufriedenheit und –loyalität bzw. die Durchführung eines Falsifizierungsversuchs dieses Hypothesensystems.[214] Korte analysiert hier die Effekte mehrerer Dimensionen der Kundenzufriedenheit auf die Marken- und Händlerloyalität von Fahrzeugbesitzern im Zeitablauf.

Hierzu greift der Autor auf das Datenmaterial eines europäischen Automobilherstellers aus dem Erhebungsintervall 1992/93 zurück.[215] Die Einteilung der Kunden in drei Gruppen, bei denen die Fahrzeugübergabe jeweils 3, 12 oder 24 Monate zurücklag, eröffnet die Möglichkeit der Durchführung einer Längsschnittanalyse.[216]

Die statistische Auswertung des Datensatzes erfolgte anhand des Programms LISREL 7. Da der Einfluss der verschiedenen Dimensionen der Zufriedenheit auf die Gesamtzufriedenheit und auf die Loyalitätskonstrukte zu den drei Erhebungszeitpunkten geprüft werden soll, ergeben sich sechs zu testende LISREL-Modelle. Die drei geschätzten Modelle des hier interessierenden letztgenannten Untersuchungspunkts der Erklärung der Kundenloyalität können der Abbildung 22 entnommen werden.[217]

Ungefähr 99% der Varianz und Kovarianz können durch die vermuteten Wirkungszusammenhänge erklärt werden und die guten Reliabilitäts- und Validitätswerte deuten auf eine sehr zuverlässige und eindeutige Bestimmung der Faktoren hin. Durch die Erfüllung aller Globalkriterien und fast aller Detailkriterien kann auf eine gute Anpassung des Modells an die empirischen Daten und die Gültigkeit der kausalen Zusammenhänge zu allen drei Zeitpunkten geschlossen werden.[218]

---

[214] Vgl. Korte, C. (1995), S. 167-244.

[215] Umfang der Nettostichprobe nach einer Plausibilitätsanalyse: 2.132 befragte Fahrzeugbesitzer (vgl. Korte, C. (1995), S. 173f.).

[216] Als Konstrukte der Loyalität werden Markenloyalität, Markenloyalität und Händlerloyalität, Markenloyalität, aber Händlerilloyalität, händlerbezogene Empfehlungsloyalität, als Konstrukte der Zufriedenheit Produktzufriedenheit, Vorkaufzufriedenheit, Kaufzufriedenheit, Nachkauf-/ Kundendienstzufriedenheit operationalisiert und gemessen (vgl. Korte, C. (1995), S. 170f.).

[217] Die Erhebung der Vorkauf- und Kaufzufriedenheit fand aufgrund der Annahme, dass der Einfluss der Händlerzufriedenheit auf die Loyalitätskonstrukte im Zeitablauf stark abnimmt nur in der Befragung nach drei Monaten statt. Die Beschränkung auf die Erhebung der Marken- und Händlerloyalität nach drei Monaten ist problematisch, da angenommen wird, dass sich Fahrzeugkäufer auch schon zu diesem Zeitpunkt ein differenziertes Urteil über die Wiederkaufabsicht hinsichtlich der Marke und des Händlers bilden können (vgl. Korte, C. (1995), S. 172).

[218] Die Berechnung des TCD (Total Coefficient of Determination) als ein zentrales Kriterium für die nomologische Validität ergab ausschließlich Werte größer als 0,5 (zur genaueren Erklärung des TCD, vgl. Korte, C. (1995), S. 185f. bzw. S. 221-244 zur ausführlicheren Darstellung der Ergebnisse).

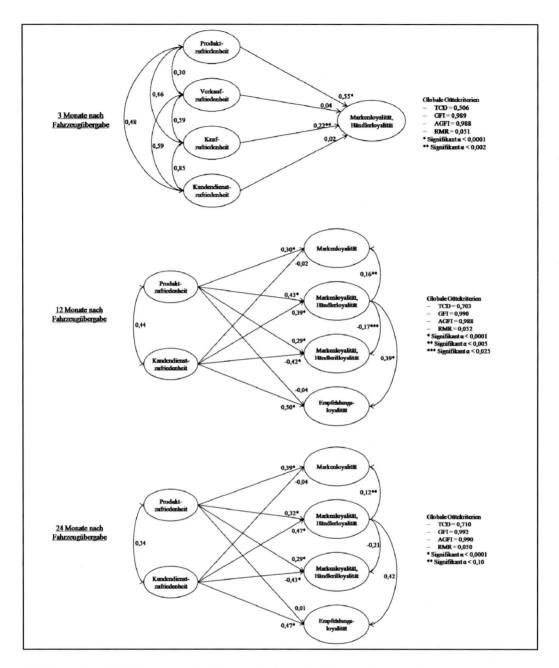

Abbildung 22: Pfaddiagramme mit Schätzergebnissen der Untersuchung von Korte (1995)
(in Anlehnung an: Korte, C. (1995), S. 225, 231, 238)

Es konnte u.a. ein starker positiver Einfluss der Produktzufriedenheit auf die Marken- und Händlerloyalität und der händlerbezogenen Zufriedenheitsdimensionen auf die Händlerloyalität festgestellt werden. Allerdings wurde kein positiver Effekt der Händlerzufriedenheit auf die Markenloyalität nachgewiesen.[219] Auch wenn von einer

---

[219] Gegenteiliges Ergebnis zu den Resultaten von Burmann (1991), wobei der Einfluss hier allein auf der Kaufzufriedenheit basiert und nur schwach ausgeprägt ist und somit die Produktzufriedenheit als dominierende Determinante der Markenloyalität identifiziert werden konnte.

klaren Differenzierung der Fahrzeugbesitzer zwischen der Produkt- und Händlerleistung sowie einer Abhängigkeit der Markenloyalität einzig von der Zufriedenheit mit dem Fahrzeug ausgegangen wird, kann die Wichtigkeit der Händlerzufriedenheit für die Markenloyalität jedoch bei einer geringen Händlernetzdichte zum Tragen kommen.[220]

Da sich die Automobilwirtschaft durch spezifische Vertriebsstrukturen (selektiver und hauptsächlich markenexklusiver Vertrieb) auszeichnet, ist nur eine geringe Verallgemeinerung dieser Ergebnisse auf Unternehmen aus anderen Branchen möglich. Allerdings verdeutlicht auch diese Studie die Wichtigkeit der Differenzierung zwischen den Zufriedenheits- und Loyalitätskonstrukten sowie des gemeinsamen Beitrags beider Systempartner (Automobilhersteller und –händler) zu einem möglichen Kundenbindungserfolg innerhalb der Branchen, die durch ein kombiniertes Marken- und Einkaufsstättenwahlverhalten der Konsumenten gekennzeichnet sind. Auch wenn innerhalb der Modelle ausschließlich positive Effekte der Kundenzufriedenheitsdimensionen auf die Konstrukte der Loyalität bestimmt wurden, verdeutlicht dieses Beispiel, dass unter Einbezug situativer Faktoren (z.B. der Händlernetzdichte) negative indirekte Marktreaktionen folgen können, die den ermittelten Wirkungen widersprechen. Die unterschiedlichen Wirkungen zwischen den Kundenzufriedenheits- und Loyalitätsdimensionen im Zeitablauf verstärken darüber hinaus die Schwierigkeit, aussagefähige Prognosen über diese Wirkungsgefüge zu machen, können allerdings Anhaltspunkte geben, um die Zusammenhänge in Bezug auf den Zeitraum nach dem Kauf besser analysieren zu können.

4.3.3 Die Untersuchung von Peter

Im Rahmen ihrer Dissertation untersucht Peter (1997) den Einfluss ökonomischer, psychischer und sozialer Wechselbarrieren sowie Kundenzufriedenheit, Variety Seeking und Attraktivität des Konkurrenzangebots auf das Konstrukt der Kundenbindung auf der Basis eines LISREL-Modells.[221] Hierbei soll vor allem auf den Faktor

---

[220] So kann bei vorliegender Produktzufriedenheit die Unzufriedenheit mit dem Händler zu einem Händlerwechsel führen, wodurch aber durch den situativen Einfluss der limitierten Verbreitung der Händler auch eine Entscheidung für einen Markenwechsel folgen kann (vgl. Korte, C. (1995), S. 246).

[221] Peter (1997) definiert Wechselbarrieren als Hemmnisse jeglicher Art, die es aus Kundensicht erschweren oder unmöglich machen, zu einem anderen Anbieter zu wechseln. Überdies differenziert sie zwischen ökonomischen Barrieren, durch die ein Konsument nicht oder nur unter Inkaufnahme hoher Kosten wechseln kann, und psychischen und sozialen Wechselhemmnissen, die dagegen eher durch emotionale Aspekte charakterisiert sind und ausdrücken, dass ein Kunde nicht wechseln will (vgl. Peter, S.I. (1997), S. 118).

Kundenzufriedenheit als mögliche zentrale Bestimmungsgröße der Kundenbindung eingegangen werden.[222]

Hierzu fand 1994 eine schriftliche Befragung von 3.000 Kunden (Neuwagenkäufer des Jahres 1992) eines deutschen Automobilherstellers statt.[223]

Über eine Voruntersuchung konnte insgesamt ein hohes Maß an Zufriedenheit in den einzelnen Bereichen festgestellt werden, jedoch betrug bei einem Anteil von 70% als überzeugt identifizierter Kunden, die Wiederkaufrate nur 61%, was auf die Kundenzufriedenheit als nicht hinreichende Bedingung der Abnehmerbindung hinweist.[224]

Alle Determinanten (außer dem Faktor ökonomische Wechselbarrieren) lassen sich mit einem ausreichenden Maß an Reliabilität und Validität erfassen. Die Ursache-Wirkungsbeziehungen zwischen den Konstrukten, außer dem Einfluss der sozialen Wechselbarrieren auf die Kundenbindung, erweisen sich als statistisch signifikant.[225] Ohne auf die einzelnen ausführlich beschriebenen Untersuchungsschritte näher eingehen zu wollen, soll hier das leistungsfähigste Modell zur Erklärung der Bindung von Kunden des Automobilherstellers in standardisierter Form dargestellt werden (vgl. Abbildung 23).[226] Aus dem Pfaddiagramm wird die direkte positive Wirkung der Kundenzufriedenheit auf die Kundenbindung ersichtlich, allerdings wird diese durch den direkten negativen Einfluss des Variety Seeking neutralisiert. Somit können Maßnahmen zur Verbesserung der Kundenzufriedenheit zwar die Kundenbindung erhöhen, im Fall von Abnehmern, die nach Abwechslung streben, bleiben diese Aktivitäten jedoch wirkungslos.

---

[222] Vgl. Peter, S.I. (1997), S. 151-233.

[223] Diese Zeitdifferenz sollte Verzerrungen der Resultate durch erst kurz zuvor erfahrene Kauferfahrungen vermeiden und die Ausfallquote durch zwischenzeitlich veränderte Anschriften eingrenzen.
Die Nettorücklaufquote betrug 31,4% und der Datensatz wurde in zwei Unterstichproben geteilt, um die Entwicklung der Operationalisierungsansätze (am Explorationssample) durch die Validierungs- bzw. Kontrollstichprobe zu überprüfen. Zur Diskussion dieses Verfahrens, vgl. Peter, S.I. (1997), S. 154-156.

[224] Das hohe Niveau der hier ermittelten Zufriedenheit ist allerdings relativ zu sehen, da diese in der Automobilindustrie vergleichsweise hoch ausfällt (vgl. Peter, S.I. (1997), S. 171).

[225] Darüber hinaus belegen die Globalgütemaße eine gute Anpassung und die Werte der Partialkriterien dokumentieren ein hohes Maß an Reliabilität und Validität des Modells. Der Wert von 0,99 des quadrierten multiplen Korrelationskoeffizienten beschreibt eine 99%ige Erklärung der Kundenbindung durch die im Modell berücksichtigten Determinanten. Da alle Globalkriterien und die meisten Partialkriterien erfüllt sind, besteht keine Veranlassung, dieses Modell zu verwerfen.

[226] So führte Peter u.a. Berechnungen von Cronbachs Alpha, exploratorische und konfirmatorische Faktorenanalyse (am Explorationssample) und konfirmatorische Faktorenanalyse zur Überprüfung des Messmodells (am Validierungssample) durch. Außerdem entwickelt und überprüft sie im Folgenden noch weitere Modellvarianten durch sukzessive Veränderung des Wirkungsgefüges um einzelne Ursache-Wirkungsbeziehungen. Diejenigen Modifikationen, die auf Grundlage der Explorationsstichprobe zunächst akzeptiert wurden, wurden auf Basis der Kontrollstichprobe geschätzt und evaluiert. Außerdem werden die anerkannten Modellvarianten durch die Anwendung eines χ^2- Differenztests bewertet und die besten Konzepte anhand der Methode der Kreuzvalidierung verglichen.

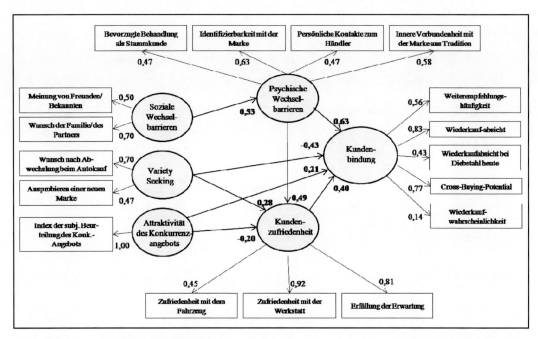

Abbildung 23: **Pfaddiagramm mit Schätzergebnissen der Untersuchung von Peter (1997) bei einem Automobilhersteller**
(Quelle: Peter, S.I. (1997), S. 221)

Die totalen Effekte der Determinanten auf das Konstrukt der Kundenbindung sind der Tabelle 4 zu entnehmen.

Determinante	Totaler Effekt der Determinante auf das Zielkonstrukt
Psychische Wechselbarrieren	0,63 + 0,20 = 0,83
Soziale Wechselbarrieren	0 + 0,33 + 0,10 = 0,43
Kundenzufriedenheit	0,40
Variety Seeking	-0,43 + -0,11 = -0,55
Attraktivität des	-0,21 + -0,08 = -0,29

Tabelle 4: **Totale Effekte der Determinanten auf die Kundenbindung**
(Quelle: Peter, S.I. (1997), S. 221)

Die Werte bestätigen die Annahme, dass neben dem Faktor Kundenzufriedenheit noch weitere Bestimmungsgrößen innerhalb dieser Untersuchung maßgeblichen Einfluss auf das Konstrukt der Kundenbindung haben.[227]

Somit wird ersichtlich, dass alleine Bemühungen zur Steigerung der Kundenzufriedenheit nicht zu einer erhöhten Abnehmerbindung führen können, sondern auch die anderen Determinanten Beachtung finden müssen und nur durch ein Maßnahmenbündel ein positiver Effekt auf die Kundenbindung erreicht werden kann.

---

[227] Vor allem psychische Wechselbarrieren weisen hier einen starken Effekt auf, wobei dieser Einfluss jedoch teilweise durch einen indirekten Wirkungszusammenhang über die Kundenzufriedenheit entsteht.

Zur Überprüfung der Gültigkeit des vorangegangenen Basismodells im Falle gewerblicher Kunden wurden im Rahmen einer zweiten Untersuchung 2.500 Apotheken als Abnehmer eines Pharmagroßhändlers schriftlich befragt.[228]

Abbildung 24 stellt das Beziehungsgeflecht des bestangepassten Modells dar.[229]

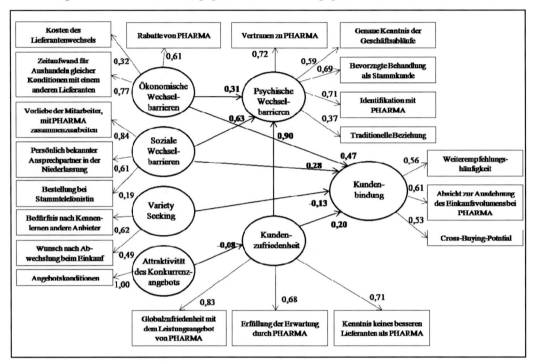

Abbildung 24: **Pfaddiagramm mit Schätzergebnissen der Untersuchung von Peter (1997) bei einem Pharmagroßhändler**
(Quelle: Peter, S.I. (1997), S. 232)

Die Kaufentscheidung der gewerblichen Abnehmer (Apotheker) ist durch ein hohes Maß an Rationalität gekennzeichnet, was die starke direkte positive Wirkung des Faktors ökonomische Wechselbarrieren erklärt. Der direkte positive Einfluss der Variable Kundezufriedenheit auf die Kundenbindung weist dagegen einen relativ niedrigen Wert auf. Die Kundenbindung kann hier vor allem als Folge der ökonomischen und sozialen Wechselbarrieren gesehen werden.

Die beiden vorangegangenen Untersuchungen in verschiedenen Wirtschaftszweigen verdeutlichen, dass erhöhte Kundenzufriedenheit nicht notwendigerweise in verstärkter

---

[228] Die Nettorücklaufquote beträgt 26,1%. Die Vorgehensweise erfolgte analog zur ersten Analyse, d.h. zunächst wurden die einzelnen Konstrukte operationalisiert, bevor die verschiedenen Modellvarianten geschätzt und evaluiert wurden. Allerdings wurde der hier vorliegende Datensatz aufgrund des zu geringen Stichprobenumfangs nicht in zwei Unterstichproben geteilt und daher konnte keine Überprüfung am Validierungssample stattfinden (vgl. Peter, S.I. (1997), S. 223-233).

[229] Die Varianz des Konstrukts Kundenbindung wird durch die Determinanten Kundenzufriedenheit, ökonomische und soziale Wechselbarrieren, sowie Variety Seeking zu 82% erklärt und alle Hypothesen erweisen sich als statistisch signifikant.

Kundenbindung resultieren muss. Die Kausalmodelle zeigen die unterschiedliche Bedeutung anderer Bestimmungsgrößen, wie Wechselbarrieren, Variety Seeking und Attraktivität des Konkurrenzangebots, je nach Wirtschaftszweig auf das Konstrukt der Kundenbindung auf und können somit als Unterstützung der Ergebnisse der vorangegangenen Studien gewertet werden.

4.3.4 Die Untersuchung von Homburg und Giering

Das Ziel des Forschungsbeitrages von Homburg und Giering (2001) besteht in der Identifikation der Wirkungen personenbezogener Eigenschaften bzw. deren moderierende Effekte auf den Zusammenhang zwischen der Kundenzufriedenheit und –loyalität.[230]

Die Autoren konzipieren die Kundenzufriedenheit als multidimensionales Konstrukt (Zufriedenheit mit dem Produkt, dem Verkaufsvorgang und dem Kundendienst) und gehen von der Annahme einer positiven Wirkung dieser einzelnen Dimensionen auf die Loyalität (in den drei Dimensionen Weiterempfehlungsverhalten, Absicht des Wiederkaufs und Wiederkauf beim gleichen Händler) aus. Weiterhin vermuten sie eine moderierende Wirkung des Zusammenhangs der beiden Zielgrößen durch die Persönlichkeitsmerkmale Geschlecht, Alter, Einkommen, Involvement und Variety Seeking.[231] Zur Überprüfung der Annahmen werden die Daten aus einer Befragung von 3.000 Kunden eines deutschen Automobilherstellers, die zwei Jahre vor der Erhebung ein Auto dieser Marke erworben haben, verwendet.[232] Die unter Nutzung von LISREL 8 durchgeführte konfirmatorische Faktorenanalyse und Schätzung des Modells ergab gute Reliabilitätswerte der einzelnen Faktoren sowie die Bestätigung der Hypothesen zwischen den Zufriedenheits- und Loyalitätsdimensionen, d.h. die Ergebnisse belegen eindeutig einen positiven Effekt der Zufriedenheit auf die Loyalität (vgl. Abbildung 25).

---

[230] Vgl. Homburg, C./ Giering, A. (2001).

[231] Involvement wird hier als „level of personal relevance or importance of a specific product category to the customer" beschrieben (Homburg, C./ Giering, A. (2001), S. 49). Die Autoren gehen von keinem Effekt der Kundendienstzufriedenheit auf die beiden produktbezogenen Loyalitätsdimensionen aus.

[232] Die Rücklaufquote beträgt 943 Antworten bzw. 31,4%. Der Zeitunterschied von zwei Jahren zwischen dem Kauf und der Befragung wurde gewählt, um sicherzustellen, dass Auskunftspersonen über Erfahrungen mit dem Auto und dem Service des Anbieters verfügen sowie sich möglicherweise schon mit dem Kauf eines neuen Wagens beschäftigen.

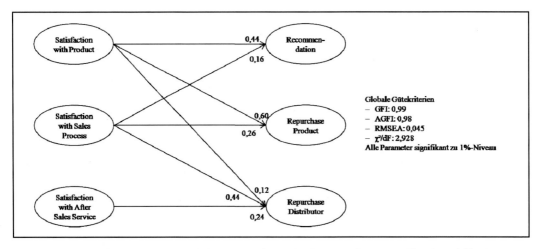

Abbildung 25: Pfaddiagramm mit Schätzergebnissen der Untersuchung von Homburg/ Giering (2001)
(in Anlehnung an: Homburg, C./ Giering, A. (2001), S. 53f.)

Im Folgenden wurden die vermuteten Effekte der moderierenden Faktoren analysiert. Hierzu wurde das Sample jeweils in zwei Unterstichproben nach hohen und niedrigen Werten des hypothetischen Moderators (respektive männlich und weiblich bei Faktor Geschlecht) aufgeteilt. Anhand der moderaten Regressionsanalyse sowie der Mehrgruppenkausalanalyse konnten die aus den Stichproben abgeleiteten Modellpaare bzw. ihre Parameterwerte verglichen und die moderierenden Effekte der personenbezogenen Merkmale aufgezeigt werden. Hierdurch konnte die Beeinflussung des Zufriedenheits-Loyalitätszusammenhangs besonders durch die Faktoren Variety Seeking, Alter und Einkommen festgestellt werden.[233]

Die Untersuchung zeigt die Relevanz auch der persönlichen Eigenschaften eines Abnehmers als moderierende Effekte des zuvor bestätigten positiven Zusammenhangs zwischen der Kundenzufriedenheit und –loyalität auf.[234]

Diese Ergebnisse können durch eine Untersuchung von Freyland, Herrmann und Huber (1999) bestätigt werden, die mittels kausalanalytischer Verfahren Kundenzufriedenheit als zentrale Einflussgröße der Loyalität von Versicherungskunden feststellten und darüber hinaus aber auch psychische, wie z.B. die Attraktivität des Konkurrenzangebots, und persönlichkeitsbezogene, wie z.B. das Alter, Determinanten identifizieren konnten.[235]

---

[233] Beispielhaft sei hier die geringere Verbindung von Zufriedenheit und Loyalität bei Personen mit höherem Einkommen in Relation zu Personen mit niedrigerem Einkommen genannt, was auf das geringere finanzielle Risiko durch den Erwerb eines Produktes mit niedriger Qualität für Personen mit hohem Einkommen zurückzuführen sein kann (vgl. Homburg, C./ Giering, A. (2001), S. 54-57).

[234] Diese Erkenntnisse können unterstützend zur effektiven Ressourcenallokation von Kundenzufriedenheitsprogrammen genutzt werden, da sie die Identifizierung der Kunden ermöglichen, bei denen Zufriedenheit einen starken Einfluss auf die Loyalität hat.

[235] Vgl. Freyland, B./ Herrmann, A./ Huber, F. (1999).

4.3.5 Die Untersuchung von Bauer, Huber und Betz

Das Ziel des Forschungsbeitrages von Bauer, Huber und Betz (1998) besteht in der Überprüfung der Kausalzusammenhänge zwischen den Konstruktdimensionen der Wettbewerbsintensität, der Kundenzufriedenheit und Kundenloyalität sowie dem ökonomischen Erfolg im Automobilhandel.[236]

Die Validitätsprüfung des resultierenden zweidimensionalen Modells erfolgte anhand des LISREL-Ansatzes. Die aufgestellten Hypothesen beinhalten u.a. die Annahme eines positiven Zusammenhangs zwischen den Dimensionen der Kundenzufriedenheit und – loyalität sowie die Vermutung eines steigernden Effektes der Zufriedenheit und Loyalität auf den Unternehmenserfolg und eine negative Wirkung der Wettbewerbsintensitätskonstrukte auf den ökonomischen Erfolg.[237]

Wie in den Hypothesen generiert, besitzen die beiden Zufriedenheitsdimensionen Kauf- und Kundendienstzufriedenheit einen positiven Einfluss auf die Loyalitätsdimensionen (s. Abbildung 26).[238] Die stärkste Beeinflussung der Kundendienstloyalität wurde durch die Kundendienstzufriedenheit (totaler Effekt: 0,797), die größte Bindungswirkung auf die Kaufloyalität durch die Kaufzufriedenheit (totaler Effekt: 0,618) festgestellt.[239] Die Annahme einer steigenden Loyalität durch eine erhöhte Produktzufriedenheit wurde innerhalb dieser Untersuchung nicht bestätigt.[240] Außerdem kann dem Kausalmodell entnommen werden, dass die Kundenloyalität die größte Erfolgswirkung aufweist, wohingegen die Kaufloyalität eine geringere, aber auch positive Bedeutung für den ökonomischen Erfolg im Automobilhandel darstellt.[241]

---

[236] Vgl. Bauer, H.H./ Huber, F./ Betz, J. (1998).

[237] Zur Datenerhebung diente eine schriftliche Befragung von sämtlichen Vertragshändlern eines Automobilherstellers, die im Kundendienst- und Neuwagenbereich Vertragshändlerstatus besitzen. Die Zufriedenheits- und Loyalitätsurteile der Kunden konnten einer vom Hersteller veranlassten schriftlichen Befragung entnommen werden, dessen Ergebnisse den Vertragshändlern zur Verfügung stehen. 326 zurückgesandte verwendbare Fragebögen konnten zur Auswertung genutzt werden (vgl. Bauer, H.H./ Huber, F./ Betz, J. (1998), S. 988-993).

[238] Graumarkthändler stellen nicht autorisierte Wiederverkäufer von Fahrzeugen derselben und anderer Marken dar. Die Berechnung von Indizes (auf Basis von Daten einer direkten Befragung der Auskunftspersonen) erfolgte aufgrund von Problemen bei der Entwicklung von Indikatoren zur Operationalisierung von Wettbewerbsintensitäten. Zur genaueren Erläuterung, vgl. Bauer, H.H./ Huber, F./ Betz, J. (1998), S. 984f.

[239] Vgl. hierzu und im Folgenden Bauer, H.H./ Huber, F./ Betz, J. (1998), S. 992-999.

[240] Die Produktzufriedenheit hat einen Effekt von -0,152 auf die Kundendienstloyalität bzw. von -0,124 auf die Kaufloyalität. Gegenteiliges Ergebnis als in den Studien von Burmann (1991) und Korte (1995).

[241] Maßnahmen zur langfristigen positiven Bindung der Abnehmer am Kundendienst führen somit eher zum Unternehmenserfolg als Aktionen im Neuwagenbereich.

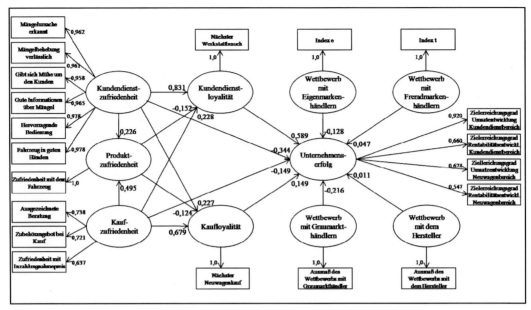

Abbildung 26: **Pfaddiagramm mit Schätzergebnissen der Untersuchung von Bauer/ Huber/ Betz (1998)**
(Quelle: Bauer, H.H./ Huber, F./ Betz, J. (1998), S. 993)

Die Kundendienst- und Kaufzufriedenheit haben eine erfolgssenkende direkte Wirkung und üben erst über die mediierenden Loyalitätsvariablen einen positiven Effekt auf das Erfolgskonstrukt aus.[242] Der angenommene negative Effekt der Wettbewerbsintensität auf den ökonomischen Erfolg kann nur durch die Konstrukte des Ausmaßes des Wettbewerbs mit den Händlern derselben Marke und den nicht autorisierten Händlern bestätigt werden.

Die Studie von Bauer, Huber und Betz ermittelt mit der Kundenloyalität die dominierende Determinante des Geschäftserfolgs im Automobilhandel, wohingegen die Kundenzufriedenheit nur zu ökonomischem Erfolg führt, wenn sie gleichzeitig die Erhöhung der Kundenloyalität bedingt. Der festgestellte direkte negative Effekt der Kundenzufriedenheit auf das Erfolgskonstrukt impliziert ceteris paribus ein negatives Erfolgssaldo durch Maßnahmen zur Steigerung der Zufriedenheit. Dies steht den Ergebnissen der bisher vorgestellten Arbeiten entgegen und die hypothetische Ursache-Wirkungskette von der Zufriedenheit über die Loyalität zur Profitabilität kann vor allem im Neuwagenbereich als weniger zwingend angesehen werden. Der geringe erklärte Varianzanteil des Unternehmenserfolges (R^2 = 0,176) wird von den Autoren durch die Charakteristik des hier vorliegenden Partialmodells begründet.[243]

---

[242] Totaler Effekt auf den Unternehmenserfolg durch die Kaufzufriedenheit: 0,032; durch die Kundendienstzufriedenheit: 0,155.

[243] Die Autoren argumentieren, dass nicht die vollständige Erklärung, sondern die Bedeutung einzelner Faktoren für den ökonomischen Erfolg durch diesen Beitrag bestimmt werden sollte (vgl. Bauer, H.H./ Huber, F./ Betz, J. (1998), S. 999).

4.3.6 Empirische Analysen auf Basis alternativer Verfahren

In ihrem Forschungsbeitrag untersuchen Ittner und Larcker (1999) die Beziehung zwischen der Kundenzufriedenheit und ökonomischen Variablen wie der Kundenbindung, zukünftiger Umsätze und dem Aktienpreis.[244]

Die erste Analyse überprüft die Annahme, dass ein höheres Niveau der Zufriedenheit positiv auf den ökonomischen Erfolg eines Unternehmens wirkt.[245] Die Untersuchung der Zusammenhänge des Zufriedenheitsindexes mit den Konstrukten der Kundenbindung, dem Einnahmeniveau und der Einnahmeveränderung erfolgte anhand linearer Regressionsmodelle. Hierbei konnte ein signifikanter Effekt auf die drei Zielkonstrukte festgestellt und somit die Annahme der Vorhersagekraft der Zufriedenheitsmesszahlen auf das zukünftige Kundenverhalten bekräftigt werden.[246]

Durch weitere Analyseschritte fanden die Autoren Belege für eine abnehmende Wirkung der Kundenzufriedenheit auf die Bindung und die Ertragssteigerung und identifizierten Schwellenwerte der Kundenzufriedenheit, deren Überschreitung erst zu stärkerer Kundenbindung und erhöhten Einnahmen führt.[247]

In der zweiten Studie dieses Beitrages werden die mit einer erhöhten Zufriedenheit verbundenen Kosten und Erlöse, sowie die Effekte auf die Gewinnung neuer Kunden und das Ausmaß, in dem die Zufriedenheit als Leistungstreiber der finanziellen Performance wirkt, untersucht.[248] Die u.a. unter Verwendung der OLS-Methode ermittelten Ergebnisse deuten die Prognostizierbarkeit zukünftiger finanzieller Performance durch die Zufriedenheitsmaßgrößen an. Die ökonomischen Wirkungen treten allerdings

---

[244] Vgl. Ittner, C.D./ Larcker, D.F. (1999). Diese umfangreiche Arbeit beinhaltet drei Studien, die sich durch verschiedene Messgrößen der Kundenzufriedenheit, unterschiedliche Datenaggregationen (Kunden-, Geschäftseinheits-, und Firmendaten) sowie verschiedenen Untersuchungshypothesen auszeichnen.

[245] Vgl. Ittner, C.D./ Larcker, D.F. (1999), S. 5-14.
Hierzu werden die Kundenzufriedenheitsdaten eines Telekommunikationsunternehmens verwendet, dass sich in einem durch eine Vielzahl von Wettbewerbern gekennzeichneten Markt befindet. Mittels einer Stichprobe von 2.491 Geschäftskunden und unter Anwendung des PLS-Ansatzes wurde der (unternehmensspezifische) Kundenzufriedenheitsindex ermittelt (Das PLS-Verfahren ist aber nicht Grundlage der Untersuchungen von Ittner und Larcker).

[246] Eine Erhöhung des Zufriedenheitsindexes um 10 Punkte bedingt in diesem Beispiel um 194,64$ gesteigerte Einnahmen, eine 2%ige Erhöhung der Kundenbindung und gesteigerte Einnahmeveränderungen um 3%. Allerdings belegen sehr geringe Werte des korrigierten Bestimmtheitsmaßes (zwischen 0,013 und 0,049) die geringe Erklärungskraft, welche auf den großen Anteil anderer Einflüsse auf das Kundenverhalten hinweist (vgl. Ittner, C.D./ Larcker, D.F. (1999), S. 7f.).

[247] Eine ausführliche Analyse dieser Untersuchungsschritte soll hier nicht erfolgen. Zur genaueren Darstellung, vgl. Ittner, C.D./ Larcker, D.F. (1999), S. 8-14. Insgesamt sehen die Autoren diese Untersuchung aber als Unterstützung der Hypothese der Zufriedenheit als maßgeblichen Indikator des zukünftigen Verhaltens der (derzeitigen) Kunden.

[248] Vgl. Ittner, C.D./ Larcker, D.F. (1999), S. 14-21. Hierzu fand ein Rückgriff auf die Daten von 73 Bankfilialen eines US- amerikanischen Finanzdienstleisters statt, der in einem wettbewerbsintensiven Marktumfeld besteht.

hauptsächlich durch indirekte Effekte über die Gewinnung neuer Kunden und erst durch das Übertreffen von Zufriedenheitsschwellenwerten ein. Außerdem stellen die Autoren die Notwendigkeit einer verhältnismäßig starken Erhöhung der Zufriedenheit zur Steigerung der finanziellen Performance fest.[249]

In der dritten Untersuchung innerhalb des Forschungsbeitrags von Ittner und Larcker wird die Kundenzufriedenheit als möglicher zukunftsorientierter Performanceindikator für den Aktienmarkt anhand des ACSI analysiert.[250] Diese Analyse ergab, dass Kundenzufriedenheitskennzahlen (oder mit dieser Messgröße korrelierende Informationen) Erkenntnisse über den Firmenwert ermöglichen, die nicht in den aktuellen Buchwerten reflektiert werden.[251]

Durch die nachfolgende Überprüfung des Zusammenhangs von Kundenzufriedenheit und ökonomischem Erfolg für verschiedene Industriezweige wurde mittels einer Regressionsanalyse ein signifikanter positiver Einfluss der Zufriedenheit im Bereich Transport/ Versorgung/ Kommunikation bzw. einen signifikanter negativer Effekt im Einzelhandel bestimmt.[252]

Im letzten Untersuchungsabschnitt gehen die Autoren auf die Frage ein, inwieweit die Veröffentlichung von Kundenzufriedenheitswerten neue Informationen für den Aktienmarkt bietet.[253] Die Ergebnisse unterstützen die Hypothese, dass nicht finanzielle Messgrößen wie die Zufriedenheit der Kunden, die Einschätzungen am Aktienmarkt von zukünftigen Cash-Flows beeinflussen, also höhere Zufriedenheitswerte als positive Indikatoren für spätere Finanzflüsse gesehen werden.

Die Resultate dieser Studie unterstützen die Hypothese eines positiven Effekts der Kundenzufriedenheit auf die Kundenbindung. Dieser ist vor allem auf einen indirekten Effekt durch die Gewinnung neuer Kunden (durch positive Mundpropaganda) zurückzuführen. Die ermittelten Zufriedenheitsschwellenwerte können durch das

---

[249] Die Grundmodelle dieser Regressionsanalyse können dem Anhang entnommen werden (vgl. A.VI).
Zur genaueren Darstellung der Untersuchungsschritte und der Ergebnisse, vgl. Ittner, C.D./ Larcker, D.F. (1999), S. 17-21.
[250] Vgl. Ittner, C.D./ Larcker, D.F. (1999), S. 21-32.
[251] Die Ergebnisse implizieren, dass einen Veränderung des Indexes um eine Einheit mit einer Änderung des Marktwerts des Eigenkapitals nach Überprüfung der Buchwerte von $236 bis $243 Millionen assoziiert wurde. Im nächsten Untersuchungsschritt konnte darüber hinaus eine positive Verbindung zwischen dem Zufriedenheitsindex und den prognostizierten Residualgewinnen festgestellt werden.
[252] Einen negativen Zusammenhang im Einzelhandel führen die Autoren auf die hohen Kosten der Kundenorientierung zurück (Betrachtete Branchen: Konsumgüter, Gebrauchsgüter, Transport/Versorgung/Kommunikation, Einzelhandel und Finanzdienstleistungen).
[253] Vgl. Ittner, C.D./ Larcker, D.F. (1999), S. 28-32.

Vorliegen eines sattelförmigen Funktionsverlaufs der Beziehung zwischen Kundenzufriedenheit und Kundenbindung erklärt werden.[254]

Rucci, Kirn und Quinn (1998) beschreiben in ihrer Arbeit die Anwendung der „Employee-Customer-Profit Chain at Sears" und die durch das Performance Measurement System „Total Performance Indicators" (TPI) operationalisierten Ursache-Wirkungsbeziehungen zwischen den Kennzahlen des Mitarbeiter- und Kundenverhaltens sowie den daraus resultierenden ökonomischen Zielgrößen des US-amerikanischen Einzelhandelsunternehmens.[255] Durch empirische Analysen, wie z.B. der Cluster- und Faktorenanalyse, wurden signifikante positive Zusammenhänge zwischen den Messgrößen festgestellt.[256] Insgesamt kann hier von einem erfolgreichen Praxisbeispiel der Implementierung eines an Mitarbeiter- und Kundenkennzahlen ausgerichteten und durch Ursache-Wirkungsbeziehungen verknüpften Performance Measurement Systems gesprochen werden, allerdings sollten diese Ergebnisse aufgrund dieser eher unkritischen Selbsteinschätzung nicht überbewertet werden.

Söderlund und Vilgon (1999) untersuchen in ihrer Studie den Zusammenhang zwischen der Kundenzufriedenheit, der Wiederkaufsabsicht, dem Einkaufsverhalten und der Kundenprofitabilität anhand einer Korrelationsanalyse.[257] Die Resultate der Korrelationsanalyse ergaben in den drei betrachteten Jahren signifikante positive Effekte der Kundenzufriedenheit auf die Wiederkaufsabsicht sowie der Wiederkaufsabsicht auf die beiden Verhaltensdimensionen Anzahl der Aufträge und Einkaufsbetrag und aller Verhaltenskomponenten auf die Profitabilität der Kunden. Somit wird die hier vermutete

---

[254] Allerdings sind die Ergebnisse auch unter Berücksichtigung einiger Einschränkungen zu bewerten. So sollte beispielsweise die geringe Erklärungskraft in der ersten Studie oder die kleine Stichprobe zur Ermittlung des Zusammenhangs der Performancegrößen der gesamten Geschäftseinheit innerhalb der zweiten Analyse kritisch betrachtet werden. Den Untersuchungen der Zufriedenheitseffekte auf das zukünftige Kundenverhalten und auf die Performancegrößen haftet jedoch immer das Problem der Bestimmung der korrekten zeitlichen Verzögerung zwischen Ursache und Wirkung an. So kann durch die Kürze des Betrachtungszeitraums nicht davon ausgegangen werden, die gesamte Wirkung der Kundenzufriedenheit bemessen zu können. Für eine ausführlichere kritische Analyse dieser Arbeit, vgl. Lambert, R.A. (1999).

[255] Vgl. Rucci, A.J./ Kirn, S.P./ Quinn, R.T. (1998).

[256] Vgl. hierzu und im Folgenden Rucci, A.J./ Kirn, S.P./ Quinn, R.T. (1998), S. 90f. So beschreiben die Autoren eine durch das Modell erklärte 0,5%ige Erhöhung der Erlössteigerungen aufgrund einer Verbesserung der Kundenzufriedenheit um 1,3 Einheiten. Dieser Effekt wirkt zum einen direkt und zum anderen über die Kundenbindung.

[257] Vgl. Söderlund, M./ Vilgon, M. (1999).
Zur Überprüfung der angenommenen Wirkungskette wurde 1995 eine telefonische Umfrage von 418 Kunden eines europäischen Papiergroßhändlers durchgeführt. Die Befragung diente der Erhebung der Zufriedenheit und Wiederkaufsabsicht der gewerblichen Kunden, deren Werte mit den Daten des Rechnungswesens (1995 bis 1997) zur Analyse des Kundenverhaltens bzw. der Kundenprofitabilität in Beziehung gesetzt wurden. Die Autoren schließen sachlogisch eine direkte Wirkung der Kundenzufriedenheit auf die Profitabilität aus, da sie Zufriedenheit als eine Form der Befindlichkeit charakterisieren.

Wirkungskette bestätigt, wohingegen ein direkter Einfluss der Kundenzufriedenheit auf die Profitabilität nicht festgestellt werden konnte.[258]

Loveman (1998) untersucht in seiner Arbeit die einzelnen Verbindungen innerhalb einer für Dienstleister angenommenen Wirkungskette („Service-Profit Chain") für das Privatkundengeschäft einer Bank.[259] Die für die hier bearbeitete Problemstellung relevanten Ergebnisse ergaben einen signifikanten positiven Effekt der durchschnittlichen Kundenzufriedenheit auf die Loyalität der Bankkunden und unterstützen den von Jones und Sasser (1995) vermuteten exponentiellen Zusammenhang dieser beiden Größen (in wettbewerbsintensiven Umgebungen).[260] Obwohl nicht ausschließlich signifikante Effekte ermittelt wurden, unterstützen die weiteren Ergebnisse die Hypothese der positiven Verbindung zwischen Kundenloyalität und finanzieller Performance im Privatkundengeschäft (auf der Filialebene).

Malina, Nørreklit und Selto (2007) überprüfen in ihrem Forschungsbeitrag die für den nordamerikanischen Absatzkanal entwickelte BSC eines Fortune 500 Unternehmens auf eine mögliche Kausalität zwischen den einzelnen Kennzahlen.[261] Anhand einer 31 Quartale beinhaltenden Datenreihe können sie nur begrenzt Ursache-Wirkungsbeziehungen zwischen den Messgrößen dieser BSC feststellen. Allein eine signifikante Beziehung konnte bezüglich der Kundenzufriedenheit in einem um vier Quartale verzögerten Effekt auf das Umsatzwachstum mittels einer nichtlinearen Transformation des Granger-Kausalitätstests festgestellt werden.[262] Die Autoren stellen auf Grund dessen die Annahme der Existenz von logischen und finalen Beziehungen, so auch zwischen der Kundenzufriedenheit und dem Umsatzwachstum, innerhalb der BSC auf.[263]

Ziel der Studie von Banker, Potter und Srinivasan (2000) ist der empirische Beleg des Einflusses nicht finanzieller Kennzahlen, wie der Kundenzufriedenheit, auf die

---

[258] Allerdings wird nur ein Teil der Beeinflussung der Wiederkaufsabsicht durch die Zufriedenheit erklärt, was auf den Einfluss weiterer Faktoren hindeutet. Die Ergebnisse müssen außerdem unter Berücksichtigung einiger Einschränkungen bewertet werden, die sich u.a. auf die simple Messung der Kundenzufriedenheit, die Aussagekraft der Korrelationsanalyse und die ausschließliche Berücksichtigung der produktbezogenen Kosten und Erträge bei der Profitabilitätsermittlung beziehen (vgl. Söderlund, M./ Vilgon, M. (1999), S. 14f.).

[259] Vgl. Loveman, G.W. (1998). Hierzu werden Daten einer schriftlichen Befragung von annähernd 100.000 Kunden (Rücklaufquote: ca. 18%) genutzt, um mittels der Regressionsanalyse die Verbindungen zwischen den einzelnen Gliedern der Wirkungskette zu bestimmen.

[260] Die Kundenloyalität wurde innerhalb dieser Studie durch die Fortführung der Bankkonten, die Anzahl der nachgefragten Services und das prozentual bei der Bank befindliche Anlagevermögen der Kunden gemessen (vgl. hierzu und im Folgenden Loveman, G.W. (1998), S. 26-28).

[261] Vgl. Malina, M.A./ Nørreklit, H./ Selto, F.H. (2007).

[262] Vgl. Malina, M.A./ Nørreklit, H./ Selto, F.H. (2007), S. 958f. Zur näheren Erläuterung des Granger-Kausalitätstest, vgl. Malina, M.A./ Nørreklit, H./ Selto, F.H. (2007), S. 946; Schulze, P.M. (2004).

[263] Vgl. Malina, M.A./ Nørreklit, H./ Selto, F.H. (2007), S. 964-969.

Unternehmensperformance.[264] Eine Verbindung der Kundenzufriedenheitskennzahlen konnte vor allem mit dem zukünftigen finanziellen Ergebnis (über eine Verzögerung von sechs Monaten) hergestellt werden. Dieser Effekt basiert hauptsächlich auf der Wiederbesuchswahrscheinlichkeit bzw. der Belegungsrate des Hotels (und nicht auf Preiswirkungen).[265] Somit kann die beschriebene direkte Wirkung der Kundenzufriedenheit auch als indirekter Effekt über die Kundenloyalität interpretiert werden.

Homburg, Giering und Hentschel (1999) setzen sich in ihrem Forschungsbeitrag mit der Beziehung der Kundenzufriedenheit und –loyalität und dem Einfluss moderierender Variablen dieses Zusammenhangs auseinander.[266] Auf Grundlage verhaltenstheoretischer Ansätze stellen die Autoren die Annahme des positiven Zusammenhangs der beiden betrachteten Größen auf und identifizieren verschiedene mögliche moderierende Faktoren aus den Bereichen Wettbewerbsumfeld, Anbieteraktivitäten, Eigenschaften des Produktes und des Kunden. Eine exemplarische Überprüfung der Beeinflussung der Kundenzufriedenheits-Loyalitätsbeziehung durch die Kundenmerkmale Alter und Einkommen erfolgte anhand der moderierten Regressionsanalyse.[267] Die Autoren ermitteln einen signifikanten positiven Moderatoreffekt des Alters und des Einkommens der Leser, d.h. dass ältere und über größeres Einkommen verfügende Kunden sich bei Zufriedenheit eher an einen Anbieter binden. Auch wenn hier nur beispielhafte moderierende Effekte zweier sozioökonomischer Eigenschaften ermittelt wurden, sind die Ergebnisse ein weiterer Beleg für die Beeinflussung des Zusammenhangs zwischen Kundenzufriedenheit und –loyalität durch verschiedene moderierende Faktoren.

In dem Forschungsbeitrag von Müller und Riesenbeck (1991) beschreiben die Autoren u.a. eine Untersuchung zum Kundenverhalten eines US-amerikanischen

---

[264] Vgl. Banker, R.D./ Potter, G./ Srinivasan, D. (2000). Die Datenbasis bilden Zeitreihendaten über 72 Monate von 18 Hotels einer US-amerikanischen Hotelkette. Die Operationalisierung der Zufriedenheit findet durch die Variablen Wahrscheinlichkeit eines Wiederbesuchs und Anzahl der Beschwerden statt, deren Wirkung auf die finanzielle Kennzahl operativer Gewinn (Erträge minus Kosten pro verfügbarem Zimmer) anhand einer Regressionsanalyse (OLS) ermittelt wurde.

[265] Dies entspricht den Ergebnissen von Ittner und Larcker (1998), die die ökonomischen Wirkungen der Kundenzufriedenheit hauptsächlich durch indirekte Effekte über die Gewinnung neuer Kunden ermittelten.

[266] Vgl. Homburg, C./ Giering, A./ Hentschel, F. (1999). Die Datenerhebung fand durch die Befragung von Lesern einer regionalen deutschen Tageszeitung statt und über die Stichprobe von 35.000 verwendbaren Fragebögen konnten Zufriedenheits- und Loyalitätsindizes berechnet werden.

[267] Die moderierte Regressionsanalyse ermöglicht die Ermittlung moderierender Einflussfaktoren eines Zusammenhangs durch die Integration eines Interaktionsterms in die lineare Ausgangsfunktion (vgl. Homburg, C./ Giering, A./ Hentschel, F. (1999), S. 188).

Gebrauchsgüterherstellers.[268] Anhand einer Stichprobe von 83.000 Haushalten und 550 Händlern (über einen Zeitraum von fünf Jahren) fand ein Vergleich zwischen handelsbezogener Servicezufriedenheitsratings und dem tatsächlichen Käuferverhalten statt. Durch Anwendung der Regressionsanalyse konnte ein positiver nichtlinearer Zusammenhang zwischen der Servicezufriedenheit und der Kundenloyalität festgestellt werden, der sich durch einen sattelförmigen bzw. im oberen Bereich konvexen funktionalen Verlauf auszeichnet. Dies impliziert verschiedene Auswirkungen einer gesteigerten Zufriedenheit: Bei niedriger Servicezufriedenheit können nur unterproportionale, bei hoher Zufriedenheit dagegen überproportionale Loyalitätseffekte erreicht werden.

4.4 Zusammenfassung der Ergebnisse und Überprüfung der Hypothesen

Nachfolgend sollen noch einmal die Ergebnisse des vorangegangenen Kapitels zusammengefasst und hieran die im theoretischen Teil aufgestellten Hypothesen überprüft werden. Die folgende Tabelle gibt hierbei einen Überblick über die untersuchten auf Strukturgleichungsmodellen basierenden Studien und deren Resultate in Bezug auf die in dieser Studie bearbeitete Problemstellung.

Autoren	Untersuchungsschwerpunkt	Charakteristika der Empirie (Grundgesamtheit, Fallzahl, Methodik)	Ergebnis bzgl. der Zusammenhänge
Fornell et al. (1996)	ACSI	Industrie, Dienstleistungen, Transport, Staat, n = 44.994, PLS	Positive Beeinflussung der Loyalität durch die Kundenzufriedenheit
Edvardsson et al. (2000)	Ursache-Wirkungsbeziehungen zwischen der Kundenzufriedenheit, -loyalität und ökonomischem Erfolg hinsichtlich möglicher Unterschiede zwischen Dienstleistern/ Anbietern von Sachgütern	Dienstleistungs- und sachgüteranbietende Unternehmen, n > 25.000, PLS	Stärkerer positiver direkter und indirekter (über Loyalität) Effekt der Kundenzufriedenheit auf finanzielles Ergebnis bei Dienstleistern
Fornell (1992)	Überprüfung der Kundenzufriedenheits-Loyalitätsbeziehung auf branchenspezifische Unterschiede	Firmen aus unterschiedlichen Branchen, n > 25.000, PLS	Unterschiedliche Wichtigkeit der Zufriedenheit für verschiedene Industriezweige
Wallenburg/ Weber (2006)	Überprüfung der Ursache-Wirkungsbeziehungen der BSC	Firmen aus unterschiedlichen Branchen, n = 216, AMOS	Kundenbezogener Erfolg erhöht Finanzerfolg
Giering (2000)	Moderierende Variablen der Zufriedenheits-, Loyalitätsbeziehung	Industrie-, Konsumgüterbereich, n = 981 bzw. 500, LISREL	Bereichsübergreifender positiver Einfluss der Kundenzufriedenheit auf Loyalität von unterschiedlich wirkenden Moderatorvariablen beeinflusst

---

[268] Vgl. Müller, W./ Riesenbeck, H.-J. (1991), S. 69.

Gerpott/ Rams (2000)	Wirkungsbeziehungen der Kundenbindung, -loyalität und –zufriedenheit	Telekommunikationsunternehmen, n = 684, LISREL	Positive Wirkungsbeziehungen zwischen Kunden-konstrukten und Beeinflussung dieser durch weitere Faktoren
Bakay/ Schwaiger (2006)	Erklärung der Bindung privater Kunden	Kunden von Stromanbietern, n = 600, AMOS	Positive direkte Wirkungszusammenhänge der Faktoren Commitment, kognitive Motive, Kundenzufriedenheit und Produktinvolvement auf Kundenbindung
Bauer/ Hammer-schmidt (2004)	Entwicklung qualitativ hochwertiger Internet-Portale als Determinante der Zufriedenheit und dadurch gesteigerter Loyalität	Regionale Internetportale, n = 492, LISREL	Positive Wirkung der Kundenzufriedenheit und Wechselbarrieren auf Kundenbindung
Smith/ Wright (2004)	Determinanten der Kundenzufriedenheit, -loyalität und Wirkung auf finanzielle Performance	Kunden von Computerfirmen, n > 8.000, AMOS	Positiver direkter und indirekter (über durchschnittlichen Preis) Effekt der Kundenloyalität auf finanzielle Kennzahlen
Nader (1995)	Kundenzufriedenheit als Determinante des Unternehmenserfolgs	Kunden von Finanzdienstleister, n = 1.250, PLS	Positiver Effekt der Kundenzufriedenheit auf den Unternehmenserfolg über die Kundenloyalität
Burmann (1991)	Beziehung zwischen Kundenzufriedenheit und Marken-, Händlerloyalität	Kunden eines Automobilherstellers, n = 6.000, LISREL	Markenloyalität als konkave, Händlerloyalität als konvexe Funktion der Kundenzufriedenheit, Bedeutung der Zufriedenheitsdimensionen unterscheidet sich im Zeitablauf
Korte (1995)	Effekte der Kundenzufriedenheit auf Marken- und Händlerloyalität	Kunden eines Automobilherstellers, n = 2.132, LISREL	Produktzufriedenheit dominierende Determinante der Markenloyalität
Peter (1997)	Determinanten der Kundenbindung	Kunden eines Automobilherstellers/ Apotheker, n = 943 bzw. 652, LISREL	Wechselbarrieren, Variety Seeking, Attraktivität des Konkurrenzangebots und Kundenzufriedenheit als Determinanten der Kundenbindung
Homburg/ Giering (2001)	Moderierende Effekte der Kundenzufriedenheits-Loyalitätsbeziehung	Kunden eines Automobilherstellers, n = 943, LISREL	Variety Seeking, Alter und Einkommen als beeinflussende Faktoren der Kundenzufriedenheits-Loyalitätsbeziehung
Bauer/ Huber/ Betz (1998)	Überprüfung der Zusammenhänge zwischen Wettbewerbsintensität, Kundenzufriedenheit und Kundenloyalität und ökonomischem Erfolg	Vertragshändler eines Automobilherstellers, n = 326, LISREL	Kundenloyalität dominierende Determinante des Geschäftserfolgs, Kundenzufriedenheit führt nur über gleichzeitige Erhöhung der Kundenloyalität zu ökonomischem Erfolg

Tabelle 5: **Kategorisierung der vorgestellten Studien**
(Quelle: Eigene Darstellung)

Wie der Tabelle zu entnehmen ist, konnten in dem Großteil der Untersuchungen die vermuteten positiven Effekte innerhalb der Wirkungskette Kundenzufriedenheit, Kundenloyalität und Kundenprofitabilität bestätigt werden, wobei letztgenannte Größe jedoch nicht auf der Ebene der Abnehmer durch den Kundenwert konkretisiert, sondern durch Kennzahlen des gesamtökonomischen Erfolgs abgebildet wurde. Da vor allem

Stichproben aus wettbewerbsintensiven Märkten in den Analysen behandelt wurden, innerhalb derer die Wirkung der Zufriedenheit auf die Loyalität als am geringsten eingeschätzt wurde, kann dieser Effekt auch für nicht so hart umkämpfte Wettbewerbsumgebungen vermutet werden. Teilweise wurden sogar zeitliche Übertragungseffekte der Zufriedenheit und der Loyalität der Kunden festgestellt.[269] Eine Ableitung allgemeingültiger Aussagen bezüglich der Zusammenhänge ist jedoch nicht möglich. So wird die Zufriedenheits-Loyalitätsbeziehung zum einen durch je nach Bereich verschieden wirkende Moderatorvariablen beeinflusst, aber auch eine direkte Wirkung anderer Faktoren auf die Kundenbindung können zur Eliminierung des positiven Effekts der Zufriedenheit auf die Bindung führen.[270] Außerdem konnten in Industriezweigen, die durch mehrstufige Absatzkanäle gekennzeichnet sind, verschiedene Beziehungen zwischen den einzelnen Zufriedenheits- und Loyalitätsdimensionen ermittelt werden. Folglich kann hier von keinem bereichs- und situationsübergreifenden einheitlichen Zusammenhang der beiden Größen ausgegangen werden.[271]

Insgesamt bleibt aber festzuhalten, dass die Kundenzufriedenheit eine zentrale Voraussetzung der Kundenloyalität darstellt und die Hypothese H_1 auf Basis der vorliegenden Untersuchungen nicht abgelehnt werden kann.[272] Die bisherigen Ausführungen verdeutlichen zugleich die Abhängigkeit des betrachteten Zusammenhangs u.a. von branchenspezifischen Größen, wodurch die Annahme der Hypothese H_2 begründet werden kann.[273]

Der nächste Teil der zu überprüfenden Wirkungskette, die profitabilitätssteigernde Wirkung einer erhöhten Kundenloyalität, konnte in den aufgeführten Arbeiten bestätigt werden.[274] Somit kann auch die Hypothese H_3 durch die dargestellten Untersuchungen nicht abgelehnt werden. Darüber hinaus konnten Unterschiede in verschiedenen Branchen

---

[269] Vgl. Ergebnisse der Studien von Anderson, E.W./ Fornell, C./ Lehmann, D.R. (1994), Korte, C. (1995), Smith, R.E./ Wright, W.F. (2004).

[270] Vgl. Ergebnisse der Studien von Giering, A. (2000), Homburg, C./ Giering, A. (2001), Peter, S.I. (1997), Bakay, Z./ Schwaiger, M. (2006).

[271] Vgl. Ergebnisse der Studien von Korte, C. (1995), Burmann, C. (1991).

[272] In Bezug auf die Hypothesenprüfung muss der Umfang der in dieser Metaanalyse vorgestellten empirischen Studien berücksichtigt werden. Die vorliegende relativ kleine Stichprobe kann nicht zum Beweis einer vollständigen Ablehnung bzw. Bestätigung der hier formulierten Annahmen, insbesondere der Hypothesen H_1 und H_3, genügen.

[273] Vgl. Ergebnisse der Studien von Fornell, C. (1992), Fornell, C. et al. (1996).

[274] Vgl. Ergebnisse der Studien von Nader, G. (1995), Fornell, C. et al. (1996), Bauer, H.H./ Huber, F./ Betz, J. (1998), Smith, R.E./ Wright, W.F. (2004).

hinsichtlich des Loyalitäts-Profitabilitätszusammenhang identifiziert werden, wodurch auch die Hypothese H nicht abgelehnt werden kann.[275]

Die Untersuchungen der Auswirkungen der Kundenzufriedenheit auf die ökonomischen Zielgrößen ohne den Einbezug der zwischengeschaltetem Größe Kundenloyalität können weiterhin zur Unterstützung der Annahme der Hypothesen H, und H_3 interpretiert werden.[276]

Weiterhin lassen die Ergebnisse den Schluss zu, dass nicht die größtmögliche Steigerung der Zufriedenheit und Loyalität der Kunden profitabilitätsmaximierend wirkt, sondern es ein unternehmensspezifisches optimales Niveau dieser beiden Kennzahlen zur Profitabilitätsmaximierung gibt.[277]

5 Zusammenfassung und Implikationen

5.1 Zusammenfassung und Schlussfolgerungen

Das Untersuchungsziel der vorliegenden Studie bestand in der Identifizierung und Überprüfung möglicher kausaler Beziehungen zwischen den Konstrukten der Kundenzufriedenheit, -loyalität und –profitabilität anhand von Strukturgleichungsmodellen und deren Auswirkungen auf den Einsatz von Performance Measurement Systemen. Hierzu wurden die einzelnen Konstrukte sowie Erklärungen der vermuteten Zusammenhänge auf theoretischer Basis skizziert. Nach einer kurzen Einführung in die Grundlagen der Strukturgleichungsmodelle folgte die Darstellung empirischer Analysen auf unterschiedlichem Datenaggregationsniveau und deren Beitrag zu der hier bearbeiteten Problemstellung.

Hierbei konnte die Kundenzufriedenheit als wichtige Determinante der Kundenloyalität identifiziert werden. Diese Beziehung ist allerdings in keinem Fall kontextunabhängig,

---

[275] Vgl. Ergebnisse der Studie von Edvardsson, B. et al. (2000).

[276] Vgl. Ergebnisse der Studien von Anderson, E.W./ Fornell, C./ Lehmann, D.R. (1994), Edvardsson, B. et al. (2000). Insbesondere die Studie von Bauer, Huber und Betz (1998) zeigt die Relevanz der zwischengeschalteten Variable Kundenloyalität für den positiven Effekt der Zufriedenheit auf den ökonomischen Gewinn auf. Allerdings kann die Kundenzufriedenheit auch über andere Faktoren profitabilitätssteigernd wirken.

[277] Eine gemeinsame Optimierung der beiden Kenngrößen Kundenloyalität und -profitabilität ist für Unternehmen, die eine langfristige und nachhaltige Steigerung ihres Wertes anstreben, unerlässlich, da eine eindimensionale Maximierung der Kundenbindung zwangsläufig eine aufwendige Kundenbetreuung und hohe „Komplexitätskosten" durch das somit erforderliche ausdifferenzierte Angebot für einen möglicherweise nicht zwingend gewinnbringenden Kundenstamm verursacht. Durch die alleinige Konzentration auf die Kundenprofitabilität dagegen würden erst längerfristig profitable Kunden nicht berücksichtigt werden. Dies gilt aufgrund der zu Beginn einer Kundenbeziehung stehenden Akquisitionskosten für den Großteil potentieller Kunden (vgl. Wolf, E./ Zerres, C./ Zerres, M. (2006), S. 6).

sondern nur unter der expliziten Berücksichtigung von moderierenden Faktoren, wie Kunden-, Anbieter- und Produktmerkmalen sowie den Eigenschaften der Geschäftsbeziehung und des Marktumfelds, zu sehen. Ebenso sind Faktoren, wie z.B. Wechselbarrieren oder Variety Seeking als die Kundenbindung beeinträchtigende Größen für die Analyse dieses Zusammenhanges grundlegend. Folglich konnte keine kausale Beziehung zwischen diesen beiden Größen nachgewiesen werden. Der positive Effekt der Kundenzufriedenheit ist somit nicht generalisierbar.

Auch der Wirkungspfad von der Kundenloyalität zur Kundenprofitabilität kann nicht über alle Situations- und Unternehmensgrenzen allgemeingültig bestätigt werden. Vielmehr zeichnet sich jeder einzelne Kunde und somit der Kundenstamm jedes Unternehmens durch Unterschiede hinsichtlich dieses Zusammenhanges aus.

Die Steigerung des ökonomischen Erfolges durch die Erhöhung der Kundenzufriedenheit ist somit nicht als zwingend bzw. kausal anzusehen, obwohl weitere zwischengeschaltete Größen dieser Beziehung profitabilitätssenkende oder kostensenkende Auswirkungen implizieren können. Die einzelnen Wirkungsbeziehungen variieren darüber hinaus im Zeitablauf, da zu jedem Zeitpunkt eine Vielzahl von (nicht zu neutralisierenden) Einflussfaktoren auf diese Relationen einwirkt.

Das Fehlen einer generellen Kausalität im Sinne eines allgemein gültigen Gesetzes bedeutet für die Implementierung von Performance Measurement Systemen in der Unternehmenspraxis die Notwendigkeit der Entwicklung und Überprüfung eines Kennzahlensystems unter Berücksichtigung der unternehmensspezifischen Gegebenheiten und Charakteristiken des Umfelds. Hier kann die vorliegende Studie erste Anhaltspunkte zur Identifizierung der relevanten auf das Ursache-Wirkungsgefüge einwirkenden Faktoren bieten.

Gefahren der Einführung eines Performance Measurement Systems auf Grundlage der Ergebnisse empirischer Untersuchungen liegen in der unkorrekten Verallgemeinerung der analysierten Gegebenheiten auf das eigene Unternehmen. Arbeiten auf aggregierter Datengrundlage können immer nur „Durchschnittsunternehmen" abbilden, Studien, deren Datengrundlage auf einzelnen Firmen basiert, können nur die Wirkungsbeziehungen zwischen den Kennzahlen im Kontext der jeweiligen Unternehmensspezifika ermitteln. Da jedes Unternehmen aber durch die ihm anhaftenden Eigenheiten und den Charakter des Marktumfelds durch Individualität charakterisiert ist, gleichnamige Kennzahlen verschieden definiert oder operationalisiert sein können und jedes Performance

Measurement anders konzipiert sein kann, kann eine unreflektierte Übernahme der Ursache-Wirkungsbeziehungen zu Fehlausrichtungen des Managements führen.

Zur Identifikation des Beziehungsgefüges zwischen den Kennzahlen ist folglich eine unternehmensindividuelle empirische Erfassung von Kundendaten und deren Abgleich mit den finanziellen Kennzahlen unter Berücksichtigung von moderierenden Faktoren notwendig. Hierzu könnte die Errichtung von „Data Warehouses" beitragen, deren Aufgabe in der fortlaufenden Erfassung aller Transaktionen und Kontakte mit jedem einzelnen Kunden zur detaillierten Informationssammlung liegt, um diese Daten dann hinsichtlich der jeweiligen Kundenprofitabilität auszuwerten und so einen effektiven kundenbezogenen Ressourceneinsatz erreichen zu können. Dieses Vorgehen ist jedoch durch die erforderliche Datenbeschaffung, -verwaltung, -verwendung und den aktiven Datenschutz kostenintensiv und deshalb auf den wirtschaftlich vertretbaren Aufwand hin zu überprüfen. Dieser wird nur durch die Entwicklung von Methoden und Mechanismen im Unternehmen erreicht, die die Voraussetzung für eine wirtschaftlich akzeptable Ermittlung und regelmäßige Überprüfung der Leistungstreiber des zukünftigen ökonomischen Erfolgs schaffen. Die Relevanz der Größen Kundenzufriedenheit, –loyalität und -profitabilität für die Realisierung von Wettbewerbsvorteilen sollte darüber bestimmen, ob sie im Performance Measurement System Berücksichtigung finden. Folglich muss die Entscheidung, eine der hier untersuchten Kundenkennzahlen als immateriellen Vermögenswert im Performance Measurement abzubilden, jeweils für den Einzelfall entschieden werden.

Die Bestimmung der finanziellen Performance durch die Notwendigkeit einer Vielzahl zu berücksichtigenden Faktoren stellt ein hochkomplexes Problem dar. Schon die Bestimmung der Profitabilität auf Kundenebene kann durch die Schwierigkeit der Erfassung nicht monetärer Wirkungen nach derzeitigem Stand nicht exakt bestimmt werden. Auch die Einschätzungen der profitabilitätsbeeinflussenden Zufriedenheits- und Loyalitätseffekte auf der Unternehmensebene gestaltet sich dementsprechend schwierig. Dies kann durch das in einer Balanced Scorecard abgebildete kausale Wirkungsgefüge mit einer bewusst begrenzten Anzahl an Kennzahlen nicht gelöst werden, allerdings ist das vollständige Beziehungsgeflecht zwischen Leistungstreibern und Ergebniskennzahlen eines Unternehmens auch durch mögliche Wechselwirkungen und Rückkopplungen aufgrund seiner Komplexität kaum zu visualisieren und zu überprüfen. Die Isolierung des Unternehmenssystems zur exakten Vorhersage zukünftiger Effekte derzeitiger Maßnahmen ist in der Praxis ebenfalls nicht durchführbar, was die Unsicherheit in der Datenbewertung zusätzlich erhöht. Wenn über die Darstellung der Zusammenhänge der Leistungstreiber und Ergebniskennzahlen jedoch keine verlässliche Prognose über die zukünftige Performance möglich ist, kann der Ressourceneinsatz nicht mehr effektiv gesteuert werden und es besteht die Gefahr, dass Risiken nicht frühzeitig erkannt werden können. Die Entwicklung eines „Kennzahlen-Cockpits" stellt für die Unternehmensführung daher eine große Herausforderung dar, weil keine theoretischen Begründungen existieren, die die notwendigen Kennzahlen für die erfolgreiche Umsetzung der Unternehmensstrategie aufzeigen.

5.2 Grenzen der Untersuchung und Implikationen für weitere Ansatzpunkte der Forschung

Die vorliegende Metaanalyse ist aufgrund ihres Umfanges der Restriktion unterworfen, nur einen Ausschnitt der zu diesem Themenkomplex erschienenen Arbeiten vorstellen und analysieren zu können. Die aufgeführten Untersuchungen stellen somit keinen Anspruch auf Vollständigkeit bezüglich der relevanten Literatur in diesem Bereich. Diese Größenordnung bietet darüber hinaus nur die Möglichkeit, die einzelnen Studien in Auszügen vorstellen und interpretieren zu können. Da diese aber auf dem komplexen multivariaten Verfahren der Strukturgleichungsmodelle beruhen, das durch eine Vielzahl von Anforderungen und Kriterien charakterisiert ist, besteht hier die Notwendigkeit einer genaueren und ausführlicheren Beschreibung der Inhalte, um alle wesentlichen Aspekte abbilden und bewerten zu können. Hinsichtlich der den empirischen Untersuchungen zugrunde liegenden Strukturgleichungsmodelle muss außerdem die Kritik an der fehlenden Möglichkeit der Bestimmung von kausalen Abhängigkeiten berücksichtigt werden. Die ermittelten Korrelationen sind eine notwendige, aber keine hinreichende Bedingung für das Vorliegen von Kausalität. Einzelne Beziehungen können in einem offenen System nicht vollständig isoliert werden, was die Identifizierung und Messung von kausalen Zusammenhängen zwischen Merkmalen nahezu unmöglich macht.

Wie der vorliegenden Studie zu entnehmen ist, befassen sich die meisten empirischen Beiträge mit dem gesamtökonomischen Erfolg als Zielkonstrukt. Zukünftig sollte dementsprechend mehr Aufwand zur Untersuchung der Wirkungskette auf der Kundenebene betrieben werden, um eine detailliertere Sichtweise der Problematik zu erhalten. Hierbei stellt der Einbezug qualitativer Determinanten zur genaueren Bestimmung der Kundenprofitabilität eine der größten Herausforderungen dar. Außerdem besteht ein Bedarf an genaueren Analysen des optimalen Zufriedenheits- und

Bindungsgrades, da ein Maximieren beider Größen nicht profitabilitätsmaximierend sein kann. Die Verallgemeinerung der hier erarbeiteten Ergebnisse ist darüber hinaus nur durch weitere Studien möglich, die Unternehmen betrachten, welche in weniger wettbewerbsintensiven Märkten bestehen. Aufgrund der Globalisierung der Märkte und der daraus resultierenden steigenden Heterogenität des (potentiellen) Kundenstamms vieler international agierender Unternehmen besteht überdies die Notwendigkeit auch interkulturelle Aspekte in diese Überlegungen einzubeziehen und zu überprüfen.

Weiterer Forschungsbedarf besteht auch bezüglich der Leistungsfähigkeit von Performance Measurement Systemen, deren Kennzahlensystem auf schwächerem als dem kausalen Begründungsniveau gekennzeichnet ist. In diesem Zusammenhang ist vor allem die Fragestellung von Interesse, ob durch beispielsweise finale oder logische Beziehungsstrukturen gekennzeichnete Performance Measurement Systeme erfolgreich sein können und somit die Notwendigkeit kausaler Beziehungen überhaupt gegeben ist.

Anhang

A.I   Pfadmodell als Gleichungssystem

Das Kausalmodell ist in Gleichungsform als Regressionsgleichung definiert als

$$\eta_1 = \gamma_1 \xi_1 + \zeta_1,$$

mit γ_1 als Parameter, der die Stärke der Beeinflussung des endogenen Konstrukts η_1 durch das exogene Konstrukt ξ_1, abbildet und ζ_1 als Messfehleranteil des endogenen Konstrukts.

Die Messmodelle der latenten exogenen Variablen lassen sich wie folgt darstellen:

$$X_1 = \lambda_1 \xi_1 + \delta_1$$

$$X_2 = \lambda_2 \xi_1 + \delta_2$$

Die Parameter λ_1 und λ_2 beschreiben die Stärke der Beeinflussung des hypothetischen Konstrukts ξ_1 auf die beobachtbaren Variablen X_1 und X_2. δ_1 und δ_2 stellen die Residualvariablen der beobachtbaren Variablen dar.

Analog lässt sich das Messmodell der latenten endogenen Variablen darstellen:

$$Y_1 = \lambda_3 \eta_1 + \varepsilon_1$$

Der Messfehler ist hier durch ε_1 gegeben und λ_3 beschreibt den Einflussfaktor des Konstruktes η_1 auf den Indikator Y_1.

A.II   Formatives Messmodell

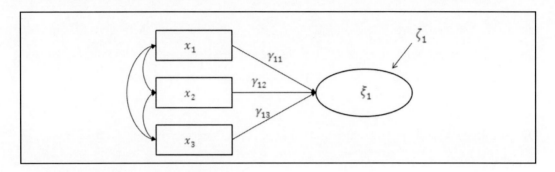

Abbildung 27:   Formatives Messmodell
(in Anlehnung an: Buch, S. (2007), S. 15)

Die formativen Zusammenhänge in Bezug auf das Pfaddiagramm können wie folgt dargestellt werden:

$$\xi_1 = \gamma_{11} x_1 + \gamma_{12} x_2 + \gamma_{13} x_3 + \zeta_1$$

Das latente Konstrukt ξ_1 bildet sich hier aus den Werten der Indikatoren x_1, x_2 und x_3.

Wie der Abbildung zu entnehmen ist, können die Indikatoren bei einer formativen Struktur auch untereinander korrelieren und die Beseitigung eines Indikators führt zu einer unvollständigen Darstellung des latenten Konstrukts.

A.III   Identifikation der Modellstruktur

Durch die Anzahl der Freiheitsgrade (*d.f.*) als Differenz zwischen der Anzahl der Gleichungen (*GL*) und der Anzahl der unbekannten Parameter (*UPA*) kann auf die Lösbarkeit des Gleichungssystems geschlossen werden.

$$d.f. = GL - UPA$$

Die Anzahl der Gleichungen ist identisch mit der Anzahl der Korrelationskoeffizienten, die sich aus

$$GL = \frac{n(n+1)}{2}$$

ergeben, wobei *n* der Anzahl der Indikatorvariablen entspricht. Wenn die Anzahl der Gleichungen mindestens der Anzahl der unbekannten Parameter entspricht, reichen die empirischen Informationen aus um die Parameter zu berechnen. Ergibt sich ein negativer Wert der Gleichung, so ist das Gleichungsmodell hingegen nicht lösbar und gilt als nicht identifizierbar.[278]

---

[278] Vgl. Buch, S. (2007), S. 25. Da es sich hierbei um eine notwendige, aber nicht hinreichende Bedingung handelt, müssen weitere Kriterien zur Überprüfung der Identifizierbarkeit herangezogen werden (vgl. Backhaus, K. (2006), S. 367).

A.IV Korrelation und Kausalität

Bei drei gegebenen Indikatorvariablen (X_1 X_2 und X_3) die untereinander wechselseitig korrelieren, sind bereits folgende vier Kausalmodelle bei einer Korrelation von z.B. $r_{x_1 x_2}$ denkbar:[279]

1. X_1 kann die Ursache für X_2 sein $X_1 \Longrightarrow X_2$

2. X_2 kann aber auch die Ursache für X_1 sein $X_1 \Longleftarrow X_2$

3. Zwischen X_1 und X_2 kann auch eine Wechselbeziehung vorliegen $X_1 \Longleftrightarrow X_2$

4. X_1 und X_2 können auch auf eine weitere,

    nicht erfasste Variable zurückzuführen sein

    („Scheinkorrelation")[280]

---

[279] Vgl. Bortz, J. (2005), S. 472.
[280] Bortz, J. (2005), S. 444.

A.V Kleinstquadrateschätzung

Die Kundenzufriedenheit wird als eine Funktion der aggregierten Erwartungen des Gesamtmarktes (EXP), den bisherigen Qualitätserfahrungen (QUAL) und dem Preis (in Relation zur Qualität) widergeben. Die Erwartungen setzen sich aus den vorangegangenen Erwartungen sowie den Qualitätserfahrungen aus der vorherigen Periode t-1 zusammen. [281]

Die Spezifizierung der Annahmen führt zu der folgenden Regressionsgleichung der Gesamtkapitalrentabilität (ROI):

$$ROI_t = \alpha + \beta_1 ROI_{t-1} + \beta_2 SAT_t + \beta_3 TREND + \varepsilon_t$$

mit α als Regressionskonstante, β als Regressionskoeffizient und ε als Residuum. Da weitere Faktoren außer der Kundenzufriedenheit (SAT) auf den ökonomischen Erfolg wirken, werde diese Effekte durch die „Lag"-Struktur, den Fehlerterm und einen Trendterm (TREND) berücksichtigt. Die Ergebnisse der Berechnung anhand einer Kleinstquadrateschätzung können den folgenden Gleichungen entnommen werden.

$$EXP_t = 0,01^* + 0,91^* EXP_{t-1} + 0,09^* QUAL_{t-1} - 0,003^* TREND$$

$$SAT_t = -0,12 + 0,44^* SAT_{t-1} + 0,49^* QUAL_t + 0,10^* EXP_t - 0,003^* TREND$$

$$ROI_t = -1,22^* + 0,75^* ROI_{t-1} + 0,40^* SAT_t + 0,002 \, TREND$$

* Signifikant auf 0,01 Niveau

---

[281] Vgl. hierzu und im Folgenden Anderson, E.W./ Fornell, C./ Lehmann, D.R. (1994), S. 55, 60f.

A.VI Grundmodelle der Regressionsanalyse

Anhand der Zufriedenheits- und Abrechnungsdaten konnte der Einfluss der Kundenzufriedenheit auf die sechs Performancevariablen Erträge (REV), Ausgaben (EXP), Margen (MAR- als Differenz zwischen Erträgen und Ausgaben) und Umsatzrendite (ROS) sowie Privatkunden (RETAIL) und Geschäftskunden (B&P) mittels der drei folgenden Modelle untersucht werden:[282]

$$PERF_{i,t+1} = \alpha + \beta_1 CSI_{i,t} + \beta_2 PAST\ PERF_{i,t} + \beta_3 RETAIL_{i,t+1}$$
$$+ \beta_4 B\&P_{i,t+1} + \varepsilon_{i,t+1}$$

$$\%\Delta PERF_{i,t+1} = \alpha + \beta_1 CSI_{i,t} + \beta_2 \%\Delta PAST\ PERF_{i,t} + \beta_3 \%\Delta RETAIL_{i,t+1}$$
$$+ \beta_4 \%\Delta B\&P_{i,t+1} + \varepsilon_{i,t+1}$$

$$\%\Delta PERF_{i,t+1} = \alpha + \beta_1 \%\Delta CSI_{i,t} + \beta_2 \%\Delta PAST\ PERF_{i,t} + \beta_3 \%\Delta RETAIL_{i,t+1}$$
$$+ \beta_4 \%\Delta B\&P_{i,t+1} + \varepsilon_{i,t+1}$$

PERF gibt jeweils eine der Performancevariablen wieder, PAST PERF beschreibt den Wert der abhängigen Variable in der vorangegangen Periode und zielt auf die Überprüfung von Zeittrends und der Aussagekraft des Zufriedenheitsindexes auf die zukünftige Performance ab, t kennzeichnet das dritte und vierte Quartal 1995, t+1 die ersten beiden Quartale 1996 und RETAIL und B&P dienen der Kontrolle weiterer möglicher Einflussvariablen.

Das zweite Modell dient der Abbildung des Einflusses des Zufriedenheitsniveaus auf nachfolgende prozentuale Veränderungen der Zielgrößen. Das dritte Modell beschreibt die direkten Wirkungen einer prozentualen Veränderung des Zufriedenheitsindexes auf die prozentualen Veränderungen der Performancegrößen.

---

[282] Vgl. Ittner, C.D./ Larcker, D.F. (1999), S. 16.

Literaturverzeichnis

Anderson, Eugene W./ Sullivan, Mary W. (1993): The antecedents and consequences of customer satisfaction for firms, in: Marketing Science, 1993, Vol. 12, No. 2, S. 125-143.

Anderson, Eugene W./ Fornell, Claes/ Lehmann, Donald R. (1994): Customer Satisfaction, Market Share, and Profitability: Findings from Sweden, in: Journal of Marketing, Juli 1994, Vol. 58, S. 53-66.

Anderson, Eugene W./ Fornell, Claes/ Rust, Roland T. (1997): Customer Satisfaction, Productivity, and Profitability: Differences Between Goods and Services, in: Marketing Science, 1997, Nr. 16, S. 129-145.

Anderson, Eugene W./ Mittal, Vikas (2000): Strengthening the Satisfaction-Profit Chain, in: Journal of Service Research, 2000, Vol. 3, No. 2, S. 107-120.

Anderson, Eugene W./ Fornell, Claes/ Mazvancheryl, Sanal K. (2004): Customer Satisfaction and Shareholder Value, in: Journal of Marketing, Oktober 2004, Vol. 68, S. 172-185.

Backhaus, Klaus et al. (2006): Multivariate Analysemethoden: Eine anwendungsorientierte Einführung, 11., überarb. Auflage, Berlin/Heidelberg, 2006.

Bagozzi, Richard P. (1980): Causal models in marketing, New York, 1980.

Bakay, Zoltán/ Schwaiger, Manfred (2006): Kundenbindung im liberalisierten Strommarkt, in: Die Betriebswirtschaft, 66. Jg., Heft 3, S. 326-344.

Banker, Rajiv D./ Potter, Gordon/ Srinivasan, Dhinu (2000): An Empirical Investigation of an Incentive Plan that Includes Nonfinancial Performance Measures, in: The Accounting Review, 2000, Vol. 75, No. 1, S. 65-92.

Bauer, Matthias (2000): Kundenzufriedenheit in industriellen Geschäftsbeziehungen: Kritische Ereignisse, nichtlineare Zufriedenheitsbildung und Zufriedenheitsdynamik, Wiesbaden, 2000.

Bauer, Hans H./ Huber, Frank/ Betz, Jürgen (1998): Erfolgsgrößen im Automobilhandel, in: Zeitschrift für Betriebswirtschaft, 1998, 68. Jg., Heft 9, S. 979-1008.

Bauer, Hans H./ Hammerschmidt, Maik (2004): Kundenzufriedenheit und Kundenbindung bei Internet- Portalen: Eine kausalanalytische Studie, in: Bauer, Hans H./ Rösger, Jürgen/ Neumann, Marcus M. (Hrsg.), Konsumentenverhalten im Internet, München, 2004, S. 189-214.

Baumgartner, Christian (2002): Umsetzung und Realisierung von Performance Measurement, in: HMD- Praxis der Wirtschaftsinformatik, 2002, Heft 227, Internet: http://arcondisnew.theseed.de/assets/files/pdf/publikationen/Artikel_HMD227.pdf, (Abruf am 10.02.2009).

Bortz, Jürgen: Statistik: für Human- und Sozialwissenschaftler (2005), 6., vollst. überarb. und aktual. Auflage, Heidelberg Medizin, 2005.

Bruhn, Manfred/ Murmann, Britta (1998): Nationale Kundenbarometer: Messung von Qualität und Zufriedenheit, Wiesbaden, 1998.

Bruhn, Manfred et al. (2000): Wertorientiertes Relationship Marketing: Vom Kundenwert zum Customer Lifetime Value, in: Die Unternehmung, 2000, 54. Jg., S. 167-187.

Bryant, Lisa/ Jones, Denise A./ Widener, Sally K. (2004): Managing Value Creation within the Firm: An Examination of Multiple Performance Measures, in: Journal of Management Accounting Research, 2004, Vol. 16, S. 107-131.

Buch, Sabrina: Strukturgleichungsmodelle - Ein einführender Überblick (2007), ESCP-EAP Working Paper, No. 29, Oktober 2007.

Bukh, Per Nikolaj/ Malmi, Teemu (2001): Re-examining the cause-and-effect principle of the balanced scorecard, Internet: http://www.pnbukh.com/files/pdf_artikler/BukhMalmi.pdf, 2001, (Abruf am 03.04.2009).

Burmann, Christoph (1991): Konsumentenzufriedenheit als Determinante der Marken- und Händlerloyalität, in: Marketing Zeitschrift für Forschung und Praxis, 4. Quartal 1991, Heft 4, S. 249-258.

Cooper, Robin/ Kaplan, Robert S. (1991): Profit Priorities from Activity-Based Costing, in: Harvard Business Review, Mai-Juni 1991, S. 130-135.

Day, Ralph L. (1979): How Satisfactionary is Research on Consumer Satisfaction?, in: Advances in Consumer Research, 1979, Vol. 7, S. 593-597.

de Geus, Arie P. (1994): Modeling to predict or to learn?, in: Morecroft, John D.W./ Stermann, John (Hrsg.): Modeling for Learning Organizations, Portland, 1994, S. 8-16.

de Haas, Marco/ Kleingeld, Ad (1999): Multilevel design of performance measurement systems: enhancing strategy dialogue throughout the organization, in: Management Accounting Research, 1999, Vol. 10, S. 233-261.

Diller, Hermann (1996): Kundenbindung als Marketingziel, in: Marketing Zeitschrift für Forschung und Praxis, 2. Quartal 1996, Heft 2, S. 81-94.

Diller, Hermann (2000): Preispolitik, 3., überarb. Auflage, Stuttgart/Berlin/Köln, 2000.

Diller, Hermann (2006): Probleme bei der Handhabung von Strukturgleichungsmodellen in der betriebswirtschaftlichen Forschung, in: Die Betriebswirtschaft, 2006, 66. Jg., Heft, 6, S. 611-617.

Dusch, Michael/ Möller, Michael (1997): Praktische Anwendung der Balanced Scorecard, in: Controlling, 1997, Heft 2, S. 116-121.

Edvardsson, Bo et al. (2000): The effects of satisfaction and loyalty on profits and growth: products versus services, in: Total Quality Management, 2000, Vol. 11, No. 7, S. 917-927.

Eberl, Markus (2006): Formative und reflektive Konstrukte und die Wahl des Strukturgleichungsvefahrens, in: Die Betriebswirtschaft, 2006, 66. Jg., Heft 6, S. 651-668.

Festge, Fabian (2006): Kundenzufriedenheit und Kundenbindung im Investitionsgüterbereich, Wiesbaden, 2006.

Fornell, Claes (1982): A Second Generation of Multivariate Analysis- An Overview, in: Fornell, Claes (Hrsgb.), A Second Generation of Multivariate Analysis: Methods, New York, 1982, S. 1-21.

Fornell, Claes/ Bookstein, Fred L. (1982): Two Structural Equation Models: LISREL and PLS Applied to Consumer Exit-Voice Theory, in: Journal of Marketing Research, November 1982, Vol. 19, S. 440-452.

Fornell, Claes (1992): A National Customer Satisfaction Barometer: The Swedish Experiment, in: Journal of Marketing, Januar 1992, Vol. 56, S. 6-21.

Fornell et al. (1996): The American Customer Satisfaction Index: Nature, Purpose, and Findings, in: Journal of Marketing, Oktober 1996, Vol. 60, S. 7-18.

Foscht, Thomas (2002): Kundenloyalität, Wiesbaden, 2002.

Freyland, Bettina/ Herrmann, Andreas/ Huber, Frank (1999): Warum sind zufriedene Kunden nicht treu? Ergebnisse einer empirischen Untersuchung zur Kundenloyalität in der Versicherungsbranche, in: Versicherungswirtschaft, 1999, 54. Jg., Heft 23, S. 1744-1747.

Fritz, Wolfgang (1992): Marktorientierte Unternehmensführung und Unternehmenserfolg, Stuttgart, 1992.

Gerpott, Torsten J./ Rams, Wolfgang (2000): Kundenbindung, -loyalität und –zufriedenheit im deutschen Mobilfunkmarkt, in: Die Betriebswirtschaft, 2000, 60. Jg., Heft 6, S. 738-755.

Giering, Anette: Der Zusammenhang zwischen Kundenzufriedenheit und Kundenloyalität: Eine Untersuchung moderierender Effekte, Wiesbaden, 2000.

Gleich, Ronald (2001): Das System des Performance Measurement: Theoretisches Grundkonzept, Entwicklungs- und Anwendungsstand, München, 2001.

Götz, Oliver/ Liehr-Gobbers, Kerstin (2004): Analyse von Strukturgleichungsmodellen mit Hilfe der Partial-Least-Squares (PLS)-Methode, in: Die Betriebswirtschaft, 2004, 64. Jg., Heft 6, S. 714-738.

Grüning, Michael (2002): Performance Measurement Systeme, Wiesbaden, 2002.

Hahn, Carsten H. (2002): Segmentspezifische Kundenzufriedenheitsanalyse: neue Ansätze zur Segmentierung von Märkten, Wiesbaden, 2002.

Hallowell, Robert (1996): The relationship of customer satisfaction, customer loyalty, and profitability: an empirical study, in Int. Journal of Service Industry Management, 1996, Vol. 7, No. 4, S. 27-42.

Herrmann, Andreas (1995): Produktqualität, Kundenzufriedenheit und Unternehmensrentabilität: Eine branchenübergreifende Analyse, in: Bauer, Hans H./ Diller, Hermann (Hrsg.), Wege des Marketing: Festschrift zum 60. Geburtstag von Erwin Dichtl, Berlin, 1995, S. 237-247.

Herrmann, Andreas/ Johnson, Michael D. (1999): Die Kundenzufriedenheit als Bestimmungsfaktor der Kundenbindung, in: Zeitschrift für betriebswirtschaftliche Forschung, 1999, Heft 51, Nr. 6, S. 579-598.

Herrmann, Andreas/ Huber, Frank/ Braunstein, Christine (2000): Kundenzufriedenheit garantiert nicht immer mehr Gewinn, in: Harvard Business Manager, 2000, 22. Jg., Heft 1, S. 45-55.

Heskett, James L. et al. (1994): Putting the Service-Profit Chain to Work, in: Harvard Business Review, März-April 1994, S. 164-174.

Hilgers, Dennis (2008): Performance Management: Leistungssteuerung und Leistungserfassung in Unternehmen und öffentlichen Verwaltungen, Wiesbaden, 2008.

Homburg, Christian (1992): Die Kausalanalyse, in: Wirtschaftswissenschaftliches Studium, Oktober 1992, Heft 10, S. 499-508.

Homburg, Christian/ Baumgartner, Hans (1995a): Die Kausalanalyse als Instrument der Marketingforschung, in: Zeitschrift für Betriebswirtschaft, 1995, 65. Jg., Heft 10, S. 1091-1108.

Homburg, Christian/ Baumgartner, Hans (1995b): Beurteilung von Kausalmodellen, in: Marketing Zeitschrift für Forschung und Praxis, 3. Quartal 1995, Heft 3, S. 162-176.

Homburg, Christian/ Rudolph, Bettina (1997): Theoretische Perspektiven zur Kundenzufriedenheit, in: Simon, Hermann/ Homburg, Christian (Hrsg.), Kundenzufriedenheit: Konzepte-Methoden-Erfahrungen, Wiesbaden, 1997, S. 31-51.

Homburg, Christian/ Bruhn, Manfred (1998): Kundenbindungsmanagement- Eine Einführung in die theoretischen und praktischen Problemstellungen, in: Bruhn, Manfred/ Homburg, Christian (Hrsg.), Handbuch Kundenbindungsmanagement, Wiesbaden, 1998, S. 3-35.

Homburg, Christian/ Hildebrandt, Lutz (1998): Die Kausalanalyse: Bestandsaufnahme, Entwicklungsrichtungen, Problemfelder, in: Homburg, Christian/ Hildebrandt, Lutz (Hrsg.), Die Kausalanalyse, Stuttgart, 1998, S. 16-43.

Homburg, Christian/ Giering, Annette/ Hentschel, Frederike (1999): Der Zusammenhang zwischen Kundenzufriedenheit und Kundenbindung, in: Die Betriebswirtschaft, 1999, 59. Jg., Heft 2, S. 174-195.

Homburg, Christian/ Giering, Annette (2000): Kundenzufriedenheit: Ein Garant für Kundenloyalität?, in: Absatzwirtschaft, 2000, 43 Jg., Nr.1/2, S. 82-91.

Homburg, Christian/ Giering, Annette (2001): Personal Characteristics as Moderators of the Relationship Between Customer Satisfaction and Loyalty - An Empirical Analysis, in: Psychology & Marketing, 2001, Vol. 18, No. 1, S. 43-66.

Homburg, Christian/ Klarmann, Martin (2006): Die Kausalanalyse in der empirisch betriebswirtschaftlichen Forschung- Problemfelder und Anwendungsgebiete, in: Die Betriebswirtschaft, 2006, 66. Jg., Heft 6, S. 727-748.

Horváth, Péter (2003): Controlling, 9., vollst. überarb. Auflage, München, 2003.

Hügens, Torben (2008): Balanced Scorecard und Ursache-Wirkungsbeziehungen-Kausale Modellierung und Simulation mit Hilfe von Methoden des Qualitative Reasoning, Wiesbaden, 2008.

Ilzarbe, Laura (2005): Wirkung von Einflussgrößen- insbesondere der Produktqualität- auf die Kundenzufriedenheit in der Automobilindustrie, Internet: http://edocs.tu-berlin.de/diss/2004/ilzarbe_laura.pdf, 2005, (Abruf am 12.02.2009).

Ittner, Christopher D./ Larcker, David F. (1998): Innovations in Performance Measurement: Trends and Research Implications, in: Journal of Management Accounting Research, 1998, Vol. 10, S. 205-238.

Ittner, Christopher D./ Larcker, David F. (1999): Are Nonfinancial Measures Leading Indicators of Financial Performance, in: Journal of Accounting Research, 1999, Vol. 36, Beiheft, S. 1-35.

Kaplan, Robert S./ Norton, David P. (1992): The Balanced Scorecard- Measures That Drive Performance, in: Harvard Business Review, Januar-Februar 1992, S. 71-79.

Kaplan, Robert S./ Norton, David P. (1993): Putting the Balanced Scorecard to Work, in: Harvard Business Review, September-Oktober 1993, S. 134-142.

Kaplan, Robert S./ Norton, David P. (1996): Balanced Scorecard: Strategien erfolgreich umsetzen, Stuttgart, 1996.

Kaplan, Robert S./ Norton, David P. (1997a): Strategieumsetzung mit Hilfe der Balanced Scorecard, in: Gleich, Ronald/ Seidenschwarz, Werner (Hrsg.), Die Kunst des Controlling, München, 1997, S. 313-342.

Kaplan, Robert S./ Norton, David P. (1997b): Balanced Scorecard; Strategien erfolgreich umsetzen, Stuttgart, 1997.

Klingebiel, Norbert (1997): Performance Measurement - Systeme, in: Das Wirtschaftsstudium, 1997, S. 655-663.

Klingebiel, Norbert (1998): Performance Management- Performance Measurement, in: Zeitschrift für Planung, 1998, 9. Jg., Nr. 1, S. 1-15.

Klingebiel, Norbert (2000): Integriertes Performance Measurement, Wiesbaden, 2000.

Korte, Christian (1995): Customer satisfaction measurement: Kundenzufriedenheitsmessung als Informationsgrundlage des Hersteller- und Handelsmarketing am Beispiel der Automobilwirtschaft, Frankfurt am Main, 1995.

Krafft, Manfred (1999): Der Kunde im Fokus: Kundennähe, Kundenzufriedenheit, Kundenbindung - und Kundenwert?, in: Die Betriebswirtschaft, 1999, 59. Jg., Heft 4, S. 511-530.

Krafft, Manfred (2007): Kundenbindung und Kundenwert, 2., überarb. und erw. Auflage, Heidelberg, 2007.

Krause, Oliver: Performance Management (2006): Eine Stakeholder-Nutzen-orientierte und Geschäftsprozess-basierte Methode, Berlin, 2006.

Kroeber-Riel, Werner (1992): Konsumentenverhalten, 5., überarb. Auflage, München, 1992.

Krüger, Sabine Maria (1997): Profitabilitätsorientierte Kundenbindung durch Zufriedenheitsmanagement: Kundenzufriedenheit und Kundenwert als Steuerungsgrößen für die Kundenbindung in marktorientierten Dienstleistungsunternehmen, München, 1997.

Küpper, Hans-Ulrich (2005): Controlling: Konzeption, Aufgaben, Instrumente, 4., überarb. Auflage, Stuttgart, 2005.

Lambert, Richard A. (1999): Customer Satisfaction and Future Financial Performance - Discussion of: Are Nonfinancial Measures Leading Indicators of Futrure Financial Performance? An Analysis of Customer Satisfaction, in: Journal of Accounting Research, 1999, Vol. 36, Beiheft, S. 37-46.

Lebas, Michel J. (1995): Performance Measurement and performance management, in: Int. Journal of Production Economics, 1995, Nr. 41, S. 23-35.

Loveman, Gary W. (1998): Employee Satisfaction, Customer Loyalty, and Financial Performance: An Empirical Examination of the Service-Profit Chain in Retail Banking, in: Journal of Service Research, 1998, Vol. 1, No. 1, S. 18-31.

Lüthe, Rudolf (1991): David Hume: Historiker und Philosoph, Freiburg, München, 1991.

Malina, Mary A./ Selto, Frank H. (2004): Causality in Performance Measurement Model, Working Paper Series, Internet: http://papers.ssrn.com/sol3/papers.cfm?abstract_id=488144, 2004, (Abruf am 12.02.2009).

Malina, Mary A./ Nørreklit, Hanne/ Selto, Frank H. (2007): Relations among Measures, Climate of Control and Performance Measurement Models, in: Contemporary Accounting Research, 2007, Vol. 24, No. 3, S. 935-982.

Matzler, Kurt/ Stahl, Heinz K./ Hinterhuber, Hans H. (2006): Die Customer-based View der Unternehmung, in: Hinterhuber, Hans H./ Matzler, Kurt (Hrsg.), Kundenorientierte Unternehmensführung: Kundenorientierung-Kundenzufriedenheit-Kundenbindung, 5., überarb. und erw. Auflage, Wiesbaden, 2006, S. 3-31.

McDonald, Roderick P. (1996): Path Analysis with Composite Variables, in: Multivariate Behavioral Research, 1996, 31. Jg., S. 239-270.

Meffert, Heribert/ Bruhn,Manfred (1981): Beschwerdeverhalten und Kundenzufriedenheit von Konsumenten, in: Die Betriebswirtschaft, 1981, 41. Jg., Heft 4, S. 597-613.

Meffert, Heribert (1983): Strategische Planungskonzepte in stagnierenden und gesättigten Märkten, in: Die Betriebswirtschaft, 1983, Heft 42, Nr. 2, S. 193-209.

Morecroft, John D.W./ Stermann, John: Modeling for Learning Organizations, Portland, 1994.

Nader, Georg (1995): Zufriedenheit mit Finanzdienstleistungen: Erfolgswirksamkeit, Messung und Modellierung, Wien/New York, 1995.

Neely, Andy/ Gregory, Mike/ Platts, Ken (1995): Performance measurement system design, in: Int. Journal of Operations & Production Management, 1995, Vol. 15, No. 4, S. 80-116.

Nørreklit, Hanne (2000): The balance on the balanced scorecard- a critical analysis of some of its assumptions, in: Management Accounting Research, 2000, Vol. 11, S. 65-88.

Nørreklit, Hanne (2003): The Balanced Scorecard: what is the score? A rhetorical analysis of the Balanced Scorecard, in: Accounting, Organizations and Society, 2003, Vol. 28, S. 591-619.

Oliva, Terence A./ Oliver, Richard L./ MacMillan, Ian C. (1992): A Catastrophe Model for Developing Service Satisfaction Strategies, in: Journal of Marketing, Juli 1992, Vol. 56, S. 83-95.

Oliver, Richard L. (1999): Whence Consumer Loyalty, in: Journal of Marketing, 1999, Vol. 63 Special Issue, S. 33-44.

Ossadnik, Wolfgang (2003a): Controlling, 3., überarb. und erw. Auflage, München, Wien, 2003.

Ossadnik, Wolfgang (2003b): Balanced Scorecard - ein betriebswirtschaftlich ausbalanciertes Steuerungskonzept?, in: Betriebs-Berater, 2003, 58. Jg., Heft 17, S. 891-894.

Peter, Sibylle Isabelle (1997): Kundenbindung als Marketingziel: Identifikation und Analyse zentraler Determinanten, Wiesbaden, 1997.

Peterson, Robert A./ Wilson, William R. (1992): Measuring Customer Satisfaction. Facts and Artifact, in: Journal of the Academy of Marketing Science, 1992, Vol. 20, No. 1, S. 61-71.

Reichheld, Frederick F. (1993): Loyalty-Based Management, in: Harvard Business Review, März-April 1993, S. 64-73.

Reichheld, Frederick F. (1996): Learning from Customer Defections, in: Harvard Business Review, März-April 1996, S. 56-69.

Rucci, Anthony J./ Kirn, Steven P./ Quinn, Richard T. (1998): The Employee- Customer-Profit Chain at Sears, in: Harvard Business Review, Januar-Februar 1998, S. 82-97.

Scholderer, Joachim/ Balderjahn, Ingo (2006): Was unterscheidet harte und weiche Strukturgleichungsmodelle nun wirklich?, in: Marketing Zeitschrift für Forschung und Praxis, 1. Quartal 2006, 28. Jg., S. 57-70.

Schomann, Marc (2001): Wissensorientiertes Performance Measurement, Wiesbaden, 2001.

Schreyer, Maximilian (2007): Entwicklung und Implementierung von Performance Measurement- Systemen, Wiesbaden, 2007.

Schulze, Peter M. (2004): Granger-Kausalitätsprüfung - Eine anwendungsorientierte Darstellung, Internet: http://www.econstor.eu/bitstream/10419/22306/1/Arbeitspapier_Nr_28_Granger-Kausalitaetspruefung.pdf, 2004, (Abruf am 25.01.2009).

Smith, Rodney E./ Wright, William F. (2004): Determinants of Customer Loyalty and Financial Performance, in: Journal of Management Accounting Research, 2004, Vol. 16, S. 183-205.

Söderlund, Magnus/ Vilgon, Mats (1999): Customer Satisfaction and Links to Customer Profitability: An Empirical Examination of the Association and Behavior, SSE/EFI

Working Paper Series in Business Administration, Internet: http://swoba.hhs.se/hastba/papers/hastba1999_001.pdf, 1999, (Abruf am 04.03.2009).

Stahl, Heinz K. (2006): Kundenloyalität kritisch betrachtet, in: Hinterhuber, Hans H./ Matzler, Kurt (Hrsg.), Kundenorientierte Unternehmensführung: Kundenorientierung-Kundenzufriedenheit-Kundenbindung, 5., überarb. und erw. Auflage, Wiesbaden, 2006, S. 85-103.

Stahl, Heinz K. et al. (2006): Kundenzufriedenheit und Kundenwert, Hinterhuber, Hans H./ Matzler, Kurt (Hrsg.), Kundenorientierte Unternehmensführung: Kundenorientierung- Kundenzufriedenheit- Kundenbindung, 2006, 5., überarb. und erw. Auflage, Wiesbaden, S. 221-240.

Töpfer, Armin (1999a): Die Analyseverfahren zur Messung der Kundenzufriedenheit und Kundenbindung, in: Töpfer, Armin (Hrsg.), Kundenzufriedenheit messen und steigern, 2., überarb. und erw. Auflage, Neuwied/Kriftel, 1999, S. 299-370.

Wall, Frederike (2001): Ursache-Wirkungsbeziehungen als ein zentraler Bestandteil der Balanced Scorecard, in: Controlling, 2001, Nr. 2, S. 65-74.

Wallenburg, Carl Marcus/ Weber, Jürgen (2006): Ursache-Wirkungsbeziehungen der Balanced Scorecard - Empirische Erkenntnisse zu ihre Existenz, WHU-Forschungspapier, Nr.109, Internet: http://www.whu.edu/cms/fileadmin/redaktion/LS-Cont/FP_109_BSC.pdf, 2006, (Abruf am 14.01.2009).

Weber, Jürgen/ Schäffer, Utz (2006): Einführung in das Controlling, 11., vollst. überarb. Auflage, Stuttgart, 2006.

Wold, Herman (1982): Systems Under Indirect Observation Using PLS, in: A Second Generation of Multivariate Analysis: Methods, New York, 1982, S. 325-347.

Wolf, Enno/ Zerres, Christopher/ Zerres, Michael (2006): Kundenbindung, Internet: erhältlich unter http://bookboon.com/de/studium/marketing/kundenbindung, 2006, (Abruf am 04.03.2009).

Yeung, Matthew C.H./ Ennew, Christine T. (2001): Measuring the impact of customer satisfaction and profitability: A sectoral analysis, in: Journal of Targeting, Measurement and Analysis for Marketing, 2001, Vol. 10, No. 2, S. 106-116.